BALI

Lombok · Komodo · Sulawesi

Einen Überblick des Reisegebietes mit der eingezeichneten Reiseroute finden Sie in der vorderen Umschlagklappe.

In der hinteren Klappe finden Sie eine Übersichtskarte von Südostasien.

Michael Möbius / Annette Ster

BALI

Lombok · Komodo · Sulawesi

VISTA POINT VERLAG

Inhalt

I Bali: Indien und Südsee paradiesisch vereint

Künstler aus Europa und Amerika waren es, die auf ihrer Suche nach dem Shangrila Bali »entdeckten«. 30 Jahre später nahmen andere den Weg auf die legendäre »Insel der Götter«, und auch ihnen, den »Blumenkindern«, die nach alternativen Lebensformen suchten, war Bali das ersehnte Land. Bald folgten auch die Bade- und Kulturhungrigen, und heute sind es weit über eine Million Touristen, die alljährlich die Kleine Sunda-Insel besuchen. Und ob sie nun begeistert sind von Sonne und Wellen, von Billigpreisen, einem überreichen Kulturleben oder von Menschen, Landschaft und Natur – alle stimmen darin überein, daß Bali ein einzigartiges Fleckchen Erde ist.

Daß auch Sie zu dieser Überzeugung kommen, dazu will unser Buch beitragen, das eine ausgewählte Route vorschlägt, die zwar kein Geheimtip mehr ist, aber dennoch voller Geheimnisse. Die einzelnen Tagestouren sind genau geplant, um die kostbare Urlaubszeit optimal zu nutzen, ohne unter Zeitdruck zu geraten. Die großen und kleinen Sehenswürdigkeiten werden beschrieben und Geschichten aus allen Bereichen des insularen Lebens erzählt, die zusammen ein facettenreiches Gesamtbild ergeben.

Aber wir helfen auch ganz praktisch bei der Restaurant- und Hotelauswahl, geben Tips zum Einkaufen. Und es bleibt genügend Raum für eigene Entdeckerlust durch Extratouren, Abstecher, Umwege und Zusatzangebote, die über Bali hinausführen.

Zum Beispiel nach Lombok, Balis Nachbarinsel, die beherrscht wird vom höchsten Vulkan des Archipels, dem 3 726 Meter hohen Gunung Rinjani, und die mit vorgelagerten Koralleneilanden aufwartet, die Malediven-Träume wecken; oder nach Sulawesi, dem ehemaligen Celebes, wo das Volk der Toraja die weltberühmten »Hängenden Gräber« schuf; und nicht zuletzt ins Reich der Riesenechsen auf die »Dracheninsel« Komodo – die Reise dorthin gleicht einem Zeitsprung über 60 Millionen Jahre zurück ins Eozän.

Den vorgegebenen Rahmen müssen Sie mit eigenen Bildern füllen, denn der Weg zum Verstehen dieses einzigartigen Reisezieles ist manchmal so schmal, daß er nicht vermittelt, sondern nur selbst begangen werden kann.

Tempelfest am Meeresheiligtum Tanah Lot vor der Südwestküste

Vor zwölf Millionen Jahren faltete sich aus gigantischen Grabenbrüchen beidseits der rund zwei Millionen Quadratkilometer großen und unter dem Meer gelegenen Sunda-Scholle, einem Ausläufer des eurasischen Festlandsockels, ein über 5 000 Kilometer langer und mit Vulkanen gespickter Gebirgszug auf. Das Rückgrat des Malaiischen Archipels, wie Indonesien in der geographischen Terminologie heißt, war geboren. Jetzt nahm die Erosion ihre nagende Arbeit auf, und immer wieder brachen die tektonischen Kräfte erneut hervor und spuckten Lava über das in Glutwolken gehüllte Land. Nach und nach wurde es so weit angehoben – während gleichzeitig der Pegel der Weltmeere sank –, daß es eine Brücke zwischen Asien und Australien bildete, die im wesentlichen nur durch die östlich von Bali verlaufende Lombok-Straße, einen tiefen Meeresgraben, unterbrochen war.

Die Pflanzen- und Tierwelt beider Kontinente machte sich diese Landverbindung, die erst nach den Eiszeiten wieder im Meer versank, zunutze und »wanderte ein«. Das erklärt, warum Flora und Fauna hier älter sind als das Land selbst: im Westen so alt und hochstehend wie die der Malaiischen Halbinsel (die sich heute Thailand, Malaysia und Singapur teilen), im Osten so alt und urtümlich wie die Australiens. In Indonesien, dem mit über 13 600 Inseln größten Archipelstaat der Erde, kommen rund zehn Prozent aller bekannten Pflanzen vor (über 40 000 verschiedene Arten), während die Fauna mit über 350 Säugetier-, fast 1 000 Reptilien-, rund 2 000 Vogel- und mehr als 200 000 Insektenarten vertreten ist. Bali, auf 8° 45' südlicher Breite, 115° 10' östlicher Länge und knapp 1 000 Kilome-

Sanur Beach – mondänes Ferienzentrum im Südosten

Landschaftskunst von hohem Rang: Reisterrassen

ter südlich des Äquators im geographischen Zentrum des Inselbogens gelegen, hat eine Grenzstellung inne. Während asiatische Großtiere bis hierhin und nicht weiter gelangten, kamen die Vertreter der australischen Fauna (u. a. zahlreiche Beuteltier-, Vogel- und Echsenarten) nur bis Lombok. Gleiches betrifft die Pflanzenwelt. Und auch in klimatischer Hinsicht wird die kleine Insel, deren Fläche mit rund 5 600 Quadratkilometern der Größe des Saarlandes entspricht, von zwei Polen geprägt: einerseits von der relativen Trockenheit der Ostinseln – die einen fast regenfreien Sommer beschert – und andererseits vom tropischen Monsun Westindonesiens, dessen Niederschlagsmengen in Verbindung mit fruchtbaren vulkanischen Verwitterungsböden dazu geführt haben, daß sich Bali heute als ein grüner Paradiesgarten präsentiert.

Über 90 Prozent der insularen Bevölkerung sind daher auch in der Landwirtschaft tätig, und den Reisterrassen, die die Balinesen im Laufe der Jahrhunderte angelegt haben, gebührt ein Platz unter den Weltwundern dieses Planeten. Vom Meeresniveau im Süden, wo dichter Palmensaum hinter den weißen Stränden liegt, bis in über 500 Meter Höhe reichen sie als grün gestaffelte Kaskaden hinauf ins Inselinnere, das von einem fast 150 Kilometer langen und von Ost nach West verlaufenden Gebirgszug mit Regen-, Gebirgsregen- und Nebelwald gebildet wird. Über den Reisterrassen bestimmen die Konusformen der Vulkane das Landschaftsbild; der höchste »Feuerberg«, der Gunung Agung, ragt im Osten 3 142 Meter in den Himmel. In der Mitte der durchschnittlich 80 Kilometer breiten Insel, im 1717 Meter hohen Massiv des Gunung Batur, tut sich eine der größten Calderen der Welt auf, schwarz klaffen die Krater des aktiven Vulkans und schwarz ist auch die Farbe der Lavafelder, die das Blau des Batur-Sees einrahmen. Weiter westlich säumt der Urwald drei ehemalige Kraterseen, und jenseits dieses Gebirgswalls stürzt das Land durch Dschungel und Plantagen steil nach Norden hin ab, wo vulkanischer Obsidian für schwarze Strände sorgt.

In Bali tritt die Natur in ihren spektakulärsten Erscheinungsformen auf, aber auch die Kultur steht diesem Superlativ um nichts nach. Über die Jahrhunderte hinweg hat sich

Prinzessin und Dienerin im Barong-Tanzspiel

das indische Erbe ebenso erhalten wie das der ersten, aus dem Bereich des heutigen Südchina stammenden Einwanderer.

Vor über 2000 Jahren ließen sich die Deuteromalaien, ein Volk paläomongolider Rasse und Träger der hochentwickelten malaiischen Kultur, im Archipel nieder. Um die Jahrtausendwende, als auf Bali bereits

Janger – ein modernes Tanz- und Singspiel

eine blühende Zivilisation bestand, trugen indische Priester den Hinduismus über Sumatra und Java hierher, wo er mit der bestehenden Tradition – geprägt vom Glauben an die Allmacht und die Beseeltheit der Natur – verschmolz. Das Ergebnis dieses Synkretismus ist *Agama Hindu Dharma*, die weltweit einzigartige Religion der Balinesen, die dem bald über ganz Indonesien triumphierenden Islam erfolgreich widerstehen konnte. Rund 94 Prozent der dreieinhalb Millionen Balinesen gehören diesem Glauben heute noch an (während sich die restlichen fast 200 Millionen Indonesier zu über 90 Prozent zum Islam bekennen), und in ihm erfüllt sich das Leben der Insulaner, das dem Fremden so exotisch, fast irreal scheint und dessen Wirklichkeit er auch nicht erfassen, sondern höchstens zu spüren vermag.

II Chronik der balinesischen Geschichte

Mit Hilfe der Methode der Radiokohlenstoff-Zeitbestimmung konnte die Wissenschaft nachweisen, daß sich auf Java (und wahrscheinlich auch Bali) schon vor rund **500 000 Jahren** menschliches Leben regte. Pithecanthropus erectus lautet die wissenschaftliche Bezeichnung für den »aufgerichteten Affenmenschen«, von dem auf Java eine Schädeldecke gefunden wurde. So wichtig diese Entdeckung auch war, die Kontinuität des Anthropogeneseprozesses sowie Herkunft und Alter des »modernen Menschen« blieben ungeklärt, bis Archäologen in Sarawak/Borneo (Ost-Malaysia) auf den Schädel des bisher ältesten Neanthropus stießen: Er hat vor ca. **40 000 Jahren** gelebt, aber nicht nur auf Borneo, sondern auch im indonesischen Archipel, wo man dem Homo sapiens in einer Höhle auf Südjava auf die Spur kam.

Vor etwa 12 000 Jahren soll auf Bali bereits eine erste steinzeitliche Kultur entstanden sein, deren Tradition sich bis ins **3. Jahrtausend** zurückverfolgen läßt, in eine Zeit, in der die Arier nach Indien einwandern und die ersten Proto- und Deuteromalaien aus Yünnan (Südchina) auf den Malaiischen Archipel vordringen. Sie gelten als die ältesten Vorfahren des malaiischen Bevölkerungssubstrats und übernehmen spätestens gegen **300 v. Chr.** die aus dem Bereich des heutigen Vietnam kommende Dogson-Kultur und damit die Kunst der Bronzeverarbeitung, wovon der berühmte

»Mond von Bali« (s. S. 82), der größte vorgeschichtliche Bronzegong der Welt, zeugt. Eine kulturelle Revolution bringt erst die Eisenzeit, wahrscheinlich von indischen Kaufleuten ins Archipel getragen, die dort – griechischen Aufzeichnungen zufolge! – schon im **2. Jahrhundert v. Chr.** erste Handelsplätze angelegt haben sollen. Ab dem **1. Jahrhundert n. Chr.** ist indischer Einfluß nachgewiesen; im Gefolge der Kaufleute kommen Mönche und Priester ins Land, und ab **400 n. Chr.** entstehen zumindest auf Sumatra und Java erste buddhistische und hinduistische Fürstentümer. Im 7. Jahrhundert beginnt das buddhistische Großreich Srivijaya mit Sitz auf Sumatra seinen Einfluß auf ganz Südostasien auszudehnen, und auch auf Bali hinterläßt der Buddhismus seine Spuren.

»Hängende Gräber« mit Tau-Tau-Figuren in Lemo auf Sulawesi

Im **8. und 9. Jahrhundert** entstehen auf Java der gewaltige hinduistische Prambanan-Tempel und in direkter Nachbarschaft der buddhistische Borobodur. Auf dem Gunung Penulisan (s. S. 64) wird eine buddhistische Einsiedelei gegründet, wie die frühesten Inschriften aus dem 10./11. Jahrhundert in altbalinesischer Sprache beweisen. In dieser Zeit verlagert sich (aus bislang unbekannten Gründen) auch das Machtzentrum im Archipel nach Ostjava. Hindu-javanische Einflüsse sind in allen Bereichen des balinesischen Lebens verstärkt festzustellen, das Altbalinesische wird durch das Altjavanische ersetzt. Die Goa Gajah und Goa Lawah (s. S. 82 und 40) werden zu hinduistischen Heiligtümern ausgebaut; König Airlangga, Sohn einer javanischen Prinzessin und eines balinesischen Prinzen, eint beide Inseln zu einem Reich, in dem das balinesische Element dominiert. Nach seinem Tod im Jahre **1049** wird Bali wieder autonom, die Königsgräber von Gunung Kawi (s. S. 81) werden errichtet, und etwa zur gleichen Zeit entstehen auf Sumatra, Java, Borneo und den Molukken erste muslimische Niederlassungen. Rund 200 Jahre währt Balis Unabhängigkeit. In dieser hinduistisch-buddhistischen Periode, die als »goldene Zeit« bezeichnet wird, bildet sich eine eigenständige indonesische Kultur, und das Land erlebt einen ungeheuren Aufschwung, bis das ostjavanische Majapahit-Reich wieder erstarkt und Bali im Jahre **1343** unterwirft.

Um 1500 dringt der Islam machtvoll vor, und der letzte König von Majapahit flieht mit allen Angehörigen der javanischen Aristokratie sowie den Priestern und Künstlern nach Bali, wo er die Gelgel-Dynastie begründet, die die Insel bis **1651** von Klungkung aus regiert. In der Zwischenzeit ist der Archipel von portugiesischen Seefahrern entdeckt worden, und Portugiesen sind es auch, die **1511** – auf den Molukken – die Kolonialära einleiten. **1596** bereits errichten deren Konkurrenten im »Gewürzrennen«, die Niederländer, erste Stützpunkte auf Java, und im Jahre **1602** wird die Vereinigte Ostindische Kompanie (VOC) gegründet, die ab **1619** von Batavia aus, dem späteren Jakarta und Sitz des Generalgouverneurs, Niederlassungen im gesamten Archipel anlegt. Sumatra und Java unterliegen schon bald ihrer Kontrolle.

Mehr und mehr Reiche werden von den militärisch überlegenen Europäern aufgesogen oder durch Bündnisse abhängig gemacht; zu Beginn des 18. Jahrhunderts verfügt die Handelsgesellschaft über einen der größten Territorialbesitze auf dem Planeten. Als Folge des Verlustes des Handelsmonopols und der politischen Wirren im Mutterland, das im Verlauf der Französischen Revolution seine Selbständigkeit verliert, bricht 1799 das System der VOC zusammen. Während dieser Krise gerät der Archipel erst unter französische, dann unter britische Herrschaft, bis die Niederländer **1814** erneut in Batavia einziehen, um gemäß der Londoner Konvention ihre Kolonie wieder zu übernehmen. Unter Anwendung höchst despotischer Mittel wird im Laufe des 19. Jahrhunderts das komplette Inselreich von den »Pfeffersäcken« in Besitz genommen. Schätzungen gehen davon aus, daß allein der Java-Krieg (1825–30), der erste belegte antikoloniale Massenaufstand, über 200 000 Tote unter den Javanern fordert. Auf Bali, wo sich in der Zwischenzeit das Reich von Gianyar zum Beherrscher der Insel aufgeworfen hat, bemühen sich **1817** die Niederländer um erste Bündnisverträge, die nicht zustande kommen; 1843 landen sie auf Lombok, **1846** erfolgt ihr erster Angriff auf Bali, wo sie aber erst 1848 Fuß fassen und bald darauf auch einen eigenen Residenten in Singaraja einsetzen können. Weitere Expeditionen folgen. **1863** wird das Königreich von Gianyar zerschlagen, 1882 erhält Singaraja den Status der Hauptstadt von ganz Nusa Tenggara (dem Inselreich zwischen Bali und Timor), doch noch immer gelingt es den Invasoren nicht, die Insel voll-

Wächterfigur vor einem Tempel ▷

ständig zu unterwerfen. Insbesondere die Rajas von Klungkung und Badung (dem späteren Denpasar) weigern sich, die Kolonialherrschaft anzuerkennen. Den Haag rüstet zum Krieg. **1906** kommt es in Badung zum *puputan* (s. S. 130), der größten rituellen Selbstvernichtungsschlacht der Geschichte. **1908** fällt, ebenfalls nach einem *puputan*, auch Klungkung in holländische Hände, doch erst **1913** gilt Bali als völlig kolonialisiert. Schon ein Jahr später kommen die ersten Touristen. **1918** beschließt die Kolonialregierung, Bali – das selbst ihr als Paradies erscheint – vor äußeren Einflüssen und vor wirtschaftlicher Ausbeutung zu bewahren.

So bleibt auf der »Insel der Götter« fast alles beim alten, bis **1942** die Japaner im Archipel landen und Indonesien innerhalb weniger Wochen okkupieren. Es folgen drei Jahre brutalster Schreckensherrschaft des »Brudervolkes«, Hunderttausende Indonesier sterben an Hunger und durch Massenexekutionen, und als sich die Söhne Nippons am **15. August 1945** den Alliierten ergeben, erfaßt ein Freudentaumel das Land, der zwei Tage später seinen Höhepunkt erreicht: Sukarno, der schon 1927 die *Partai Nasional Indonesia* gegründet und seitdem für die Autonomie gekämpft hat, verkündet nun zusammen mit seinem Freund Dr. Hatta die »Unabhängigkeit der einheitlichen, demokratischen und sozialistischen Republik Indonesien«. Doch die Holländer wollen die Zeichen der Zeit noch immer nicht verstehen, erkennen die neue Regierung mit Sukarno als Präsidenten und Dr. Hatta als Vizepräsidenten nicht an und landen drei Wochen später von Australien aus auf Java, um ihren »Besitz« zurückzufordern. Die indonesische Regierung flieht von Jakarta nach Yogyakarta (Zentraljava), auf Bali kommt es zu heftigen Kämpfen, aber im **Januar 1948** werden die Niederlande von der UNO an den Verhandlungstisch gezwungen, und am **27. Dezember 1949** endlich muß Den Haag Indonesien als föderative Republik anerkennen.

Am **17. August 1950** löst Sukarno diese Struktur auf und ersetzt die Föderation durch den Einheitsstaat *Republik Indonesia*, der noch heute besteht. Aufgrund innerer Unruhen und unklarer Mehrheitsverhältnisse im Parlament kommt es **1957** zu Aufständen und Militärputschen, so daß Sukarno im Februar den Ausnahmezustand verhängt und sein Konzept der »Gelenkten Demokratie« verkündet. **1959** wird Denpasar anstelle von Singaraja Balis Hauptstadt. Sukarno versucht die drei stärksten politischen Kräfte des Landes – Nationalisten, Kommunisten und muslimische Fundamentalisten – in der Einheitsfront NASAKOM zu formieren. Es gelingt mehr schlecht als recht. Das Land gerät an den Rand des wirtschaftlichen Zusammenbruchs. Sukarno macht dafür neokoloniale Kräfte verantwortlich, die Südostasien unter ihre Kontrolle bekommen wollen. (1972 veröffentlichte, geheime Pentagon-Papiere bestätigen diese These.) Doch sein Vorgehen treibt Indonesien in die politische Isolation, und immer stärker muß sich der charismatische Herrscher an China, die UdSSR und andere Ostblockstaaten anlehnen. Die Kommunistische Partei entwickelt sich zur tragenden Kraft im Land, was zu einer wachsenden Polarisierung zwischen national gesinnten Streitkräften, muslimischen Gruppierungen und den Kommunisten führt.

Am **30. September 1965** werden in Jakarta bei einem Putschversuch linksgerichteter Offiziere, sechs Generäle, die als Gegner der Kommunistischen Partei PKI galten, ermordet. Der Kommandeur der Strategischen Reserve der Streitkräfte, General Suharto, erklärt sich zum Oberbefehlshaber der Armee, zerschlägt die »Bewegung 30. September« und verbietet sofort die PKI, die mit über drei Millionen Mitgliedern und ca. 20 Millionen Sympathisanten mit Abstand die mächtigste politische Kraft im Land ist.

Pura Ulun Danu: Vishnu und Dewi Danu geweihte Merus im Bratan-See

Der Aufruf militanter Muslim-Gruppierungen zur Rache für den Putsch von links gerät zu einem entsetzlichen Pogrom, der sich über alle Inseln des Archipels ausbreitet und dem in wenigen Monaten Hunderttausende, nach Schätzungen von Amnesty International sogar nahezu eine Million Menschen – Kommunisten, Gewerkschaftsführer, Sympathisanten, aber auch völlig Unbeteiligte, vor allem Chinesen – zum Opfer fallen. Etwa 750 000 Indonesier werden in »Umerziehungslager« gebracht. Sukarno ist noch Präsident mit einer breiten Anhängerschaft im Volk, aber er wird auch als Initiator des Putschversuches bezeichnet, weil sein Vertrauter die Ermordung der Generäle geleitet hatte. Darüber hinaus beharrt er auf der Fortführung seines gescheiterten NASAKOM-Konzeptes.

Aufgrund heftiger Anti-Sukarno-Demonstrationen und auf militärischen Druck hin legt er **1966** sein Amt als »Präsident auf Lebenszeit« nieder und überträgt die Regierungsgewalt an General Suharto. Er wird unter Hausarrest gestellt und stirbt am 21. 6. 1970.

Auch Suharto, stark aufs Militär gestützt, führt das Prinzip der »Gelenkten Demokratie« fort, aber ansonsten leitet er eine politische Wende ein: Schon bald nach dem Umschwung werden alle verstaatlichten Betriebe zurückgegeben und zahlreiche Gesetze erlassen, um ausländische Investoren anzulocken. Der Konfrontationskurs gegen Malaysia, die USA, die Niederlande und alle westlichen Industrienationen wird ebenso wie die enge Anlehnung an die UdSSR und China beendet. Insgesamt beschert die »Ära Suharto«, die **1992** noch einmal durch die Wiederwahl des Präsidenten bestätigt wird, dem Land eine bis heute währende Periode der relativen Ruhe und Stabilität (wenn man von den Kriegen auf Osttimor und in Irian Jaya absieht, die seitdem wohl über 300 000 Menschen das Leben gekostet haben). Ungelöst bleiben die gewaltigen sozialen Probleme. Was allerdings passieren wird, wenn Suharto, 1921 geboren, sein Amt nicht mehr ausüben kann, weiß niemand zu sagen, denn ein Nachfolger ist nicht in Sicht.

Der Naßreisanbau auf Bali erbringt fünffache Erträge gegenüber Brandrodungskulturen

Gewinnung von Salz aus feuchtem Sand

Fest am Pura Besakih, dem Muttertempel am Hang des Gunung Agung ▷

III Sanfte Landung im »Morgen der Welt«

Viermal 120000 Pferdestärken tragen den Jumbo über den vorderen Osten, den indischen Subkontinent, den Golf von Bengalen. Dann wendet er sich nach Süden, tangiert Burma und Thailand, Malaysia und Singapur, um schließlich erneut in Richtung auf die aufgehende Sonne zu schwenken und knapp unterhalb des Äquators nach etwa 13000 Flugkilometern und mehr als 17 Stunden jenen Ort zu erreichen, dem Nehru, der einstige indische Premier, den Namen »Morgen der Welt« gab.

Eine bis über 3000 Meter hohe Kraterkette wird sichtbar, die das versteinerte Rückgrat der Insel bildet. Bunte Dreieckssegel tauchen im Tiefblau des Indischen Ozeans auf, und hinter dem majestätischen Kegel des Gunung Agung, dem »Sitz der Götter«, erscheint im Landeanflug Kuta, der weltberühmte Strand und die Copacabana Indonesiens. Parallel im Meer erstreckt sich die Korallenkette des schützenden Riffs unter weißschäumenden Wogen, die das Dunkel der Tiefsee vom gescheckten Malachit des Küstenwassers trennen.

Die druckfesten Türen öffnen sich. Tropisch warme Luft dringt sekundenschnell ein, treibt Schweiß auf übernächtigte Stirnen und zwingt dazu, die Pullover und Jacketts nun endgültig auszuziehen. Große Transparente verkünden ein farbenfrohes *Selamat datang* – »Herzlich Willkommen« –, und freundlich schauende einheimische Augen vermitteln einem sofort das Gefühl, willkommen zu sein. Sogar die Beamten lächeln, es lächeln die Angestellten am Bankschalter, wo man Geld und Reiseschecks tauschen kann, aber auf Kreditkarten kein Bares bekommt, am Zimmervermittlungskiosk (wo Prospekte und Preistabellen ausliegen und man direkt reservieren kann) und auch am Stand des »Koperasi Taxi Service«, wo die Tarife angeschlagen sind, man sein Ziel nennt und auch bezahlt. Und dieses Lächeln unterscheidet, denn es ist einseitig, schmückt nur balinesische Gesichter. Die meisten Gäste, Vertreter der Alten Welt, schauen hier vor der Ankunftshalle verdrießlich drein, denn es herrscht gelindes Chaos, weil die Einrichtungen dem Andrang nicht gewachsen sind, man schon mal eine halbe Stunde Schlange stehen muß, bis man den Taxicoupon in den Händen hält.

Asien hautnah, zum ersten Mal – das wird zumindest Verwunderung auslösen, weil die Einheimischen auch dann noch lächeln, wenn sie von aufgebrachten Fremden mit bösen Worten bedacht werden. In den Touristenzentren haben sich die Balinesen den Sitten ihrer Gäste angepaßt, aber wer sich von diesen ausgetretenen Pfaden entfernen will – und darum geht es im vorliegenden Buch –, der sollte diese erste und vielleicht wichtigste Lektion annehmen und selbst lächeln. – Aus Erheiterung, als Dank, zur Entschul-

In den balinesischen Dörfern leben die Menschen noch im traditionellen Familienverband

digung, um Unsicherheit oder Verlegenheit zu überspielen und um sein Gegenüber »das Gesicht wahren« zu lassen. Damit ist die Würde gemeint, und die verletzt jemand, der, wie in Europa üblich, unmißverständlich sagt oder mittels Körpersprache zeigt, was er gerade denkt.

So sollte man also lächeln, auch wenn es mitunter schwerfallen mag, und wird schnell herausfinden, daß man auf diese Weise eher sein Geld gewechselt, das Zimmer reserviert, den Taxicoupon überreicht bekommt.

Jetzt, wo sich die Zeit- und Klimaumstellung bemerkbar macht, man müde und wach zugleich ist, sich fallenlassen möchte – ins Bett, in den Pool oder ins warme Meer –, sollte man am besten zuerst ins Hotel nach Kuta, Sanur oder Nusa Dua, den ab Flughafen schnell und günstig erreichbaren Ferienzentren von Balis Süden, fahren (S. 24 f., 126 ff.). Nach einem Telefonat (s. S. 170 f.) oder auch nur einem Hinweis an das Hotelpersonal, ein paar Formalitäten, steht zur vereinbarten Zeit ein Mietfahrzeug bereit, mit oder ohne Chauffeur, ganz wie gewünscht.

Den Kraterrand des 1 717 Meter hohen Vulkans Gunung Batur kann man ersteigen ▷

IV ZEHN TAGE ÜBER DIE »INSEL DER GÖTTER«

Ankunftstag auf Bali

Hotels in Kuta und Legian:

Einen Stadtplan finden Sie auf S. 114.

Bali Oberoi
Jl. Kayu Aya, Legian
✆ (0361) 75 10 61, Fax 75 27 91
Fürstliche Bungalows in abgeschirmter Parkanlage direkt am sehr ruhigen Strand. Mit Swimmingpool, Bar, Restaurant, allem was das Herz begehrt. – Das Nonplusultra in Kuta, wenn man Ruhe sucht und sehr solvent ist. $$$$$ (Die Auflösung der $-Zeichen finden Sie auf S. 175 und auf der hinteren inneren Umschlagklappe.)

Legian Beach Hotel
Jl. Melasti, Legian
✆ (0361) 75 17 11, 75 54 60, Fax 75 26 51, 75 26 52
Zimmer, Apartments und Bungalows im balinesischen Stil mitten in einem tropischen Garten nur wenige Schritte vom Meer. Swimmingpool, Tennis, Squash und Fitneß-Center auf dem Gelände. $$$

Bali Padma Hotel
Jl. Padma 1, Legian
✆ (0361) 75 21 11, Fax 75 21 40
Exklusive Anlage direkt am Meer in einem herrlichen Landschaftsgarten. Räume im Cottage-Stil und luxuriöse Chalets, mehrere Restaurants, Live-Musik in der Lounge, *happy hour* und Jazz im Pub, montags *Balinese Open Theatre.* Tennis, Squash, großer Swimmingpool. $$$$

Four Seasons Resort
Jimbaran Bay
✆ (0361) 70 10 10, Fax 70 10 20
Traumhafte Gartenanlage im Stil eines balinesischen Dorfes. Jede der rund 200 m² großen Villen ist in traditioneller Architektur erstellt, höchst luxuriös eingerichtet und bietet außer dem eigenen Pool einen atemberaubenden Blick auf den kilometerlangen Sandstrand der Jimbaran Bay südlich Kuta. Mehrere Restaurants und ein umfassendes, kostenloses Wassersportangebot setzen diesem Top-Hotel das i-Tüpfelchen auf. $$$$$

Hotel Santika Beach
Jl. Pantai Kuta
✆ (0361) 28 80 11, Fax 28 75 66
156 Zimmer und Bungalows (verschiedene Komfortstufen) in gepflegter Parkanlage an der Strandpromenade. Ruhig und dennoch zentral, mit zwei Swimmingpools und mehreren Restaurants. $$$–$$$$

Pesona Beach
Seminyak Beach
✆ (0361) 75 39 14, Fax 75 39 15
Nördlich von Kuta in abgeschiedener, ruhiger Strandlage befindet sich diese kleine, gemütliche Anlage im balinesischen Stil. Indonesische, chinesische und internationale Küche, großer Swimmingpool direkt hinter dem Sandstrand. $$$

Bruna Beach Hotel
Jl. Raya Pantai Kuta, Legian
✆ (0361) 75 15 65
Schmucklose Bungalows, recht eng gesetzt, teils mit Klimaanlage, teils mit Ventilator, zu beiden Seiten eines schmalen Gartens. Kleiner Pool, einfaches Gartenrestaurant. Ruhig und sehr billig an der Promenade. $–$$

Billigherbergen
Die Zahl dieser meist von jungen Rucksackreisenden frequentierten Unterkünfte *(losmen)* ist groß in Kuta. Besonders im Bereich des nördlichen, Legian genannten Strandabschnittes mit Schwerpunkt Jl. Melasti und Jl. Padma ist es kein Problem, ein Zimmer mit Ventilator und Bett zwischen 7 und 10 US$ zu finden. Wer mit sanitären Gemeinschaftseinrichtungen vorliebnehmen mag, wird auch um 5 US$ ein Quartier finden.

Hotels in Sanur:

Einen Stadtplan finden Sie auf S. 128.

The Grand Bali Beach
Jl. Bali Beach
✆ (0361) 28 85 11, Fax 28 79 17
Das ehemalige Bali Beach Hotel wurde komplett renoviert und bietet jetzt 570 Komfortzimmer im zehngeschossigen »Tower Wing« sowie schicke Bungalows in einer äußerst weitläufigen Parkanlage direkt am Meer. Vier Swimmingpools, acht Restaurants, Bars sowie ein umfassendes Sportangebot (u.a. 9-Loch-Golfplatz). $$$$$

Hotel Sanur Beach
✆ (0361) 28 80 11, Fax 28 75 66
425 Zimmer und Suiten, gelegen in einem tropischen Garten, zwei Restaurants, die auf Thai-Küche spezialisiert sind, aber auch orientalische und französische Gerichte anbieten, *seafood* im »Seepferdchen«-Restaurant, Bar; Swimmingpool, Fitneß, Tennis, Minigolf, Segeln, Windsurfen; Geschäfte und Boutiquen, Bank, Reisebüro ... $$$$

Bali Hyatt Hotel
✆ (0361) 28 82 71, Fax 28 76 93
390 Zimmer (1994 komplett renoviert) mit allem nur denkbaren Komfort inmitten eines wunderschönen tropischen Naturgartens direkt am Meer. Zwei große Swimmingpools mit Wasserbar und Whirlpool, verschiedene Spezialitätenrestaurants. $$$$$

Sativa Sanur Cottages
✆ (0361) 28 78 81, Fax 28 78 81
Romantische Bungalowanlage im Stil eines balinesischen Dorfes, wobei die geschmackvoll eingerichteten Zimmer (mit Balkon oder Terrasse) um einen phantasievoll gestalteten Swimmingpool gruppiert sind. Weil nicht direkt am Strand gelegen (ca. 5 Gehminuten), sind die Preise äußerst moderat. $$$

Surya Beach Hotel
Jl. Mertasari
✆ (0361) 28 88 33, Fax 28 73 03, 28 77 72
Strohgedeckte Hütten in einem wunderschönen Garten mit Jasmin, Orchideen, Bougainvilleen und Sträuchern; die knapp 200 Zimmern sind individuell und im indonesischen Stil eingerichtet, alle haben eine Veranda. Europäische und indonesische Küche; Swimmingpool. $$$

Hotels in Nusa Dua:

Einen Stadtplan finden Sie auf S. 128.

Grand Hyatt Bali
✆ (0361) 77 12 34, Fax 77 10 84
Exklusives und luxuriöses exotisches Paradies, einem balinesischen Wasserschloß nachempfunden, mit Wasserfällen, üppigen Gärten und Lagunen. Zwei Deluxe-Villen, 40 Suiten; Restaurants mit italienischer, balinesischer, chinesischer und europäischer Küche, Bar; 6 Swimmingpools, Windsurfen, Tauchen, Fischen, Segeln, Golf, Tennis, Squash; Kinderklub. $$$$$

Hotel Bualu Village
✆ (0361) 77 13 10, Fax 77 13 13
Verhältnismäßig preiswerte Anlage wenige Minuten vom Strand und nahe dem Dorf Bualu. Alle Zimmer haben Klimaanlage und eine eigene Terrasse. Zwei Swimmingpools, Restaurants, Sportangebote und Miniklub. $$$

Amanusa
✆ (0361) 77 23 33, Fax 77 23 35
Die 35 Suiten der »Friedlichen Insel« erstrecken sich in extrem ruhiger Traumlage an einem sanft ansteigenden Palmenhang über Strand und Meer. Die Anlage wurde wie das »Amandari« (vgl. S. 75) von Adrian Zecha gebaut und ist neben diesem das wohl luxuriöseste Resort auf Bali. Selbst dem verwöhntesten Reisenden wird kein Wunsch offenbleiben. Mit 660 m^2 großem Swimmingpool, 18-Loch-Golfkurs, Tennisplätzen ... zweifellos das Nonplusultra in Nusa Dua. Ab 560 DM pro Nacht.

1. Tag – Route: Sanur – Batubulan – Klungkung – Padang Bai – Candi Dasa (72 km)

km	Zeit	Route
0	8.30 Uhr	Abfahrt von Sanur (von Kuta 12 km, von Nusa Dua 23 km)
6	9.30 Uhr	**Batubulan**, Besichtigung der Steinmetzwerkstätten und Besuch des **Barong**-Tanzdramas
9		**Celuk**, Besuch einer Silberschmiede
11		**Sukawati**, Spaziergang über den Kunst- und den Obst- und Gemüsemarkt
14	12.00 Uhr	**Batuan**, Dorf der Möbelschnitzer
24		Dorf Kutri mit dem **Pura Bukit Dharma** (Unterweltstempel)
27		**Gianyar**, Textilzentrum Balis
38	13.30 Uhr	**Klungkung**, Spaziergang über den Markt, Besuch der Gerichtshalle Kerta Gosa; Lunchpause
45		Fischerdorf Kusamba
50	15.00 Uhr	**Goa Lawah**, heilige Fledermaushöhle
57		**Padang Bai**, Fischer- und Badeort; alternatives Routenziel
72	16.30 Uhr	**Candi Dasa**

Mit öffentlichen Verkehrsmitteln: Per *Bemo* (Minibus) ab Kuta und Nusa Dua zum Terminal Tegal in Denpasar, ab dort Zubringer-Bemo zum Terminal Kereneng, der von Sanur direkt zu erreichen ist; weiter per Bemo nach Blahbatu und dann von Ort zu Ort bis Candi Dasa. - Es ist völlig problemlos, so zu reisen, Tausende Bemos sind auf der Route im Einsatz, so daß man nur wenige Minuten warten muß.

Abstecher: Von Sukawati ins Dorf **Puaya** (4 km hin und zurück; nördlich vom Markt in Sukawati, nach Passieren der Polizeistation links ab), wo Holzmasken, Schattenspielfiguren und Requisiten für Tempelzeremonien hergestellt werden; von Gianyar nach **Bona**, dem Dorf der Korbflechter (ca. 6 km hin und zurück); von der Straße Gianyar – Klungkung nach **Sidan**, Dorf mit einem halben Dutzend sehenswerter Tempel (der Abbiegung nach Bangli folgen; ca. 4 km hin und zurück).

Extratag: Mit einem der zwischen 7 und 8 Uhr ab Padang-Bai-Strand verkehrenden »Speedboats« für wenig Geld und innerhalb rund 45 Min. zur Insel **Nusa Penida**, vom Tourismus noch unbeleckt, an deren Südküste über 200 m hohe Steilklippen zum Meer und zu versteckten Sandstränden hin abfallen.

Nach der Ankunft im Hauptort der Insel, Sampalan, gleich am Hafen fragen, wann das Boot nach Padang Bai zurückfährt (*Kapan ada kapal ke Padang Bai?*), und ein Fahrzeug mit Fahrer nach Sebuluh mieten (rund 1 Std. entfernt: *Saya mau menyewa bemo ke Sebuluh.*). Mit dem Fahrer oder einem im Ort in der Regel herbeieilenden Führer über eine luftige Bambuskonstruktion hinunter zum traumhaften Strand und zu reichen Schnorchelgründen (Maske etc. nicht vergessen, in Padang Bai über die Strandrestaurants und die Tauchbasis zu mieten).

1. Tag – Informationen

Batubulan
An der Durchgangsstraße von Batubulan reihen sich Hunderte von Geschäften (mit den Werkstätten dahinter) aneinander, die alle das gleiche anbieten: Steinmetzkunst. Kaufen sollte nur, wer genug Geld für 50 kg übergewichtiges Fluggepäck hat.

Barong
Durchgangsstraße Denpasar – Gianyar
Batubulan
Tägl. auf vier Freilichtbühnen im Tempelstil von 9.30–10.30 Uhr
Tanzdrama, das man sich nicht entgehen lassen darf: eine äußerst farbenprächtige Touristenshow zwar, aber perfekt gemacht. Tickets ab 9 Uhr vor den Bühnen (direkt an der Straße). Plätze möglichst belegen, bevor 9.15 Uhr die geführten Touristengruppen eintreffen.

Celuk
Was Batubulan für Steinmetzkunst, das ist Celuk für Schmuck aus Gold und (meist) Silber. Das ganze Dorf präsentiert sich als eine Ansammlung von Läden, die teuren befinden sich meist direkt an der Straße, die billigeren ein wenig dorfeinwärts. – Wer nicht handelt, zahlt oft zuviel.

Sukawati
Der mit »Pasar Seni« ausgeschilderte »Kunstmarkt« links der Straße im Dorfzentrum bietet in zwei großen Hallen alles, was auf Bali für Touristen gefertigt wird; nicht unbedingt günstiger

als anderswo. Der gegenüberliegende Obst- und Gemüsemarkt bietet sich zum Obsteinkauf an.

Batuan
Ein weiteres Shopping-Dorf, diesmal im Zeichen der Holzschnitz-, insbesondere Möbelschnitzkunst: Truhen und Vitrinen, Schränke und Stühle, auch Himmelbetten, »Bali-Barock« verbrämt.

Pura Bukit Dharma
Rechts der Durchgangsstraße Denpasar – Gianyar
Kutri
Der Herrscherin der Unterwelt geweihtes Heiligtum, von dem aus ein 99 Stufen zählender Stiegenweg durch Urwald zu einem Pavillon und Aussichtspunkt führt.

Lunchpause
In Klungkung bieten sich unzählige einfache Eßlokale für schlichte, aber geschmackvolle und hygienisch einwandfrei zubereitete Reisgerichte an.

Kerta Gosa
Rechts der Durchgangsstraße im Zentrum Klungkung
Gerichtshalle aus dem 18. Jh. mit sehenswerten Wayang-Malereien, die die Qualen der Hölle und die Wonnen des Himmels darstellen; kostbarstes Zeugnis der balinesischen Feudalepoche.

Goa Lawah
Links der Küstenstraße zwischen Kusamba und Padang Bai
Heilige Höhle mit Millionen kopfunter an der Decke hängenden Fledermäusen.

Rai Beach Inn
Strandstraße am nördlichen (linken) Buchtende
Padang Bai
Zweigeschossige Häuser im »Reisspeicherstil« (rundgeschwungenes Dach aus Palmblättern) mit Balkon, überdachter Veranda, Bad/WC, Moskitonetz und Ventilator. Jedes Häuschen romantisch in einem separaten Garten, Blick aufs Meer oder auf Kokospalmen. $–$$

Kerti Beach Inn
Padang Bai
Gleich neben dem Rai Beach Inn, ganz ähnlich. $–$$

Hotel Subak Tabola Inn
Sidemen
✆ (0363) 22 18 11, Fax 22 18 21
Ein Traum: fünf liebevoll eingerichtete Bungalows, malerisch in die üppige Reisfeld-Landschaft eingebettet und wie geschaffen für ruhige Tage weitab des Massentourismus, jeweils mit Dusche/WC und Veranda (Klimaanlage ist wegen

Wayang-Malerei in der Kerta Gosa in Klungkung

der Höhenlage unnötig). Im Restaurant werden u.a. authentisch-balinesische Gerichte angeboten. Ein Swimmingpool steht zur Verfügung, und es können Web-, Mal- und Musikkurse belegt werden. $$$

Balina Beach Resort
Bei km 66 zwischen Padang Bai und Candi Dasa
Balina Beach, Manggis
Bungalows von einfach bis komfortabel in großer Wiesenanlage direkt hinter dem schönen und gut zum Baden geeigneten Strand. $$$–$$$$$

Candi Dasa:

Candi Cottages
✆ (0361) 4 12 34, Fax 4 11 11
Etwa eineinhalb Kilometer südlich von Candi Dasa und sehr ruhig gelegene Bungalowanlage der gehobenen Mittelklasse. Die Zimmer sind zweckmäßig eingerichtet (mit Klimaanlage) und verfügen alle über eine Veranda zum Garten hin. Swimmingpool und Restaurant liegen unnachahmlich schön direkt über dem Meer. $$$

Puri Bagus Villa
✆ (0363) 75 12 23, Fax 75 27 79
50 Zimmer der gehobenen Mittelklasse im Bungalowstil, direkt an einer kleinen ruhigen Bucht. Mit Swimmingpool, Bar und Restaurant. Ideal für Taucher. $$$

Pondok Bamboo Cottages
✆ 3 55 34
Mit Rattanmobiliar eingerichtete Bungalows aus Naturstoffen in kleiner Gartenanlage über dem Meer. Romantisch, aber einfach (Ventilator, kein Air-conditioning), den klimatischen Gegebenheiten angepaßt. $$–$$$

Pelangi/Terrace/Taruna
Diese drei Anlagen, direkt nebeneinander gelegen und über die gleiche Einfahrt ab Hauptstraße erreichbar (gegenüber Abzweig nach Tenganan), stehen stellvertretend für mehrere Dutzend Billig-Bungalowanlagen des Ortes. Man wohnt in ausreichend großen Rattanbungalows der romantischen und luftigen Art, die ausgestattet sind mit Bett, Moskitonetz, Ventilator, Bad/WC und – natürlich – einer Veranda, auf der morgens das Frühstück (inkl., bestehend aus Obstsaft, Tee oder Kaffee, Fruchtsalat, Pfannkuchen, Toast und Marmelade) serviert wird. Der Blick fällt in üppig wuchernde Tropengärtchen oder direkt aufs Meer, die Atmosphäre ist teilweise familiär und immer herzlich. Hier kommen die Rucksackreisenden unter. $–$$

Puri Pandan
Neben Candidasa Beach Bungalow
Romantisch und direkt über Meer und Strand gelegenes Restaurant mit guter indonesischer, aber auch internationaler Küche. Hier kann man angenehmer und unvergleichlich billiger speisen als in den Restaurants der Hotels.

Tauchsport
Vermietung von Schnorchel- und Tauchausrüstungen, Durchführung von Tauchkursen und Organisation von Tauchexkursionen (mit Begleitung) bieten das **Stingray Dive Centre** (Pandang Bai an der Strandstraße direkt gegenüber Rai Beach Inn, kein Telefon), **Balina Diving** (im Balina Beach Resort, Balina Beach, s. o.) und die Tauchbasen von Candi Cottages und Puri Bagus Villa (s. o.)

1 **Balis Herzstück:** Von Sanur durch den Süden nach Candi Dasa

Auf Bali, acht Grad südlich des Äquators, herrscht Tagundnachtgleiche, und da der Schlafrhythmus wegen der Zeitumstellung ohnehin durcheinander geraten ist, fällt es nicht schwer, schon früh am Morgen aufzustehen. Nach einem Bad im warmen Ozean und einem balinesisch-fruchtigen Frühstück im Palmenschatten kann man erfrischt und gestärkt mit der Inselentdeckung durch das kulturelle Kernland Balis beginnen. Vom Ausgangspunkt **Sanur** aus, wo sich die von Kuta und Nusa Dua kommenden Straßen kreuzen, folgt man der Straße in Richtung Gianyar, die um Denpasar, die unbalinesische Hauptstadt Balis (s. S. 129 ff.) herumführt, die unter chronischem Verkehrschaos leidet. Da sie breit, zu Beginn mehrspurig und schwach frequentiert ist, erleichtert sie die Umstellung auf den Linksverkehr,

Auslegerboote in Sanur Beach

Sanur: Bei Ebbe zieht sich das Meer weit zurück und gibt Korallengestein frei

so daß man bald schon genug Muße hat, die fremden Eindrücke auf sich wirken zu lassen: Heerscharen bunt uniformierter Schulkinder, Bauern auf den Reisfeldern, Wasserbüffel im Schlammbad, Palmwedel- und Wellblechhütten neben weißen Villen ...

Nach wenigen Kilometern werden die Abstände zwischen den Häusern geringer, und dann säumen Flügellöwen und Himmelsnymphen, Götterfiguren und Dämonenmasken als exotische Steinphalanx die Straße. **Batubulan** ist erreicht, das Zentrum der balinesischen Steinmetzkunst, und was hier an Formenvielfalt auf profaner Bühne ausgestellt wird, kann einem schon mal die Sprache verschlagen. Es spiegelt die überragende Bedeutung der Religion auch im Bali unserer Tage wider, denn der nur mit Hammer und Meißel aus vulkanischem Tuffstein geschaffene Zierrat steht hier auf Abruf bereit, um in den über 20 000 Tempeln der Insel als Schmuckwerk Verwendung zu finden. Nahezu jedes Haus in Batubulan präsentiert sich als eine Werkstatt, in der man das kreative Schaffen der Künstler beobachten kann, die strenggenommen keine sind, weil die Balinesen, deren Sprache ohne Abstrakta auskommt, diesen Begriff nicht kennen.

Hier gibt es keine Kunst als Kunst, denn alles, was geschaffen wird, ist religiösen Ursprungs und in seiner Gestaltung an die kulturellen Traditionen gebunden. Das künstlerische Schaffen wird als Wirken im Auftrag der Götter zum Wohle der Menschheit verstanden. Lediglich bei der Produktion für den Touristenmarkt erkennt man eine deutliche Profanierung, hier haben die Künstler Balis ureigenen Stil kommerziellen Gesichtspunkten ge-

Legong-Tänzerin

opfert. Das heißt aber nicht, daß sie damit ihre Grundhaltung aufgegeben hätten, denn es gilt auch als wohlbringend, den Fremden das ersehnte Geld aus den Taschen zu locken.

Den großartigsten Beweis dieses Doppellebens, zu dem die Balinesen fähig sind, liefert das Tanzspiel *barong*, das allmorgendlich auf den vier Touristenbühnen des Ortes aufgeführt wird. Perfekt in Szene gesetzt, will es, wie ein mehrsprachiger Handzettel mitteilt, in sieben Akten den ewigen Kampf des Guten gegen das Böse symbolisieren. Die beiden Hauptfiguren, die altbalinesische und hinduistische Elemente vereinen, sind *Barong* und *Rangda*. Ersterer, ein mythisches Fabelwesen, Beschützer der Menschheit, verkörpert dabei das heilvolle Prinzip, während die furchteinflößende Hexe *Rangda*, eine Erscheinungsform der Todesgöttin *Durga*, das Zerstörerische widerspiegelt. Der Kampf endet schließlich unentschieden, denn Gut und Böse, die antagonistischen Kräfte des Kosmos, sind nach dem auf Konfliktausgleich beruhenden Prinzip der balinesischen Philosophie untrennbar und für alle Zeit miteinander verbunden.

Das theatralische Geschehen unter freiem Himmel im Reisfeldsaum ist ungeheuer fotogen, aber doch nur die unterhaltsame Seite dieses auch als Kris-Tanz bekannten Dramas. Im esoterischen Kern hat es die Aufgabe exorzistischer Reinigung und kommt zu diesem Zweck – durchaus mit den gleichen »Schauspielern«, denen man hier zuschaut – auch heute noch häufig zur Aufführung. Insbesondere wenn es gilt, ein – etwa durch ein Unglück – zum Bösen hin verschobenes Kräftegleichgewicht in einem Dorf wieder in die Balance zu bringen.

Am Ortsausgang erfordert eine gefährlich scharfe Rechtskurve die Aufmerksamkeit, und schon befindet man sich in **Celuk**, das mit Batubulan zusammengewachsen ist. Die Straße durch das langgestreckte Dorf wird beidseitig von teils sehr mondänen, teils aber auch sehr einfach ausgestatteten Schmuckläden gesäumt. Celuk gilt als Hochburg balinesischer Schmuckherstellung, und weil die aus Silber oder Gold gefertigten, meist filigranen Kunstgegenstände beliebte Mitbringsel sind, ist hier der Vermarktungsprozeß extrem weit fortgeschritten. Die Handwerker orientieren sich an den Bedürfnissen der Touristen; wer spezielle Wünsche hat, kann nach eigenen Vorlagen anfertigen lassen, aber was das dann kostet, weiß man – wie generell auf Bali oder im Orient – niemals im voraus: Kein Stück hat eine Preisangabe, und kein Preis ist fix! Den Wert einer Ware kennt nur der Händler, kein Käufer wird ihn je erfahren.

Barong: Das mythische Fabeltier verkörpert das heilvolle Prinzip ▷

Den ersten Preis nennt stets der Händler, und in unserem Fall, es geht um einen schlichten Silberring mit eingelassenem Mondstein, ist er utopisch hoch – *»100 Dollar, very nice piece, very old«* –, denn wir haben den gravierenden Fehler begangen, unverhohlenes Interesse zu zeigen, anstatt auf Mängel aufmerksam zu machen, Zweifel an der Echtheit des Silbers zu äußern, dieses Hin und Her der Prozedur eine kleine, gehaltvolle Ewigkeit andauern zu lassen und dann ganz nebenbei nach dem Preis zu fragen. Das Ungeschick müssen wir jetzt wettmachen, geben lächelnd *»ten Dollar«* zur Antwort und erzählen eine kleine Geschichte, kämpfen mit Beredsamkeit, malen Bilder einer traurigen Barschaft in den Raum, drücken so nach und nach sein Gebot über 50 Dollar auf 30 Dollar herunter, kommen ihm auf 15 entgegen und erhalten den Ring schließlich für 20 Dollar. Zweifellos ist auch dies noch zu viel, denn auf unser Nachgeben hin lächelt der Händler wie jemand, der ein gutes Geschäft gemacht hat. Aber der Ring ist uns den Preis wert, und so macht es nichts, daß ein ganz und gar identischer ein paar Läden weiter schon für 18 Dollar angeboten wird ...

Übergangslos folgt **Sukawati**, dessen Ortsbild dem der anderen bislang besuchten Dörfer aufs Haar gleicht: eine planlose Ansammlung von Allerweltshäusern aus Beton neben Bambus- und Holzhütten unter Wellblechdächern. Aber auch hier gibt es etwas, das zum Verweilen einlädt, nämlich einerseits links der Straße der *pasar seni,* der »Kunstmarkt«, und andererseits schräg gegenüber der allmorgendlich bis nach Mittag vor Leben und Angebot überquellende Obst- und Gemüsemarkt. Ersterer bietet in einer dunklen Halle Schmuck und Schnitzwerk, auch reichlich Lederwaren, natürlich Stoffe und Bekleidung, viel neuen Schnickschnack auf alt getrimmt. Quantität geht hier, so will es scheinen, vor Qualität, und weil ein Besuch dieses Marktes mit dem hochtrabenden Namen fester Bestandteil aller geführten Bustouren ist, sind die Preise ziemlich hoch und dabei erstaunlich, wenn auch nicht gänzlich fix. Ganz anders geht es auf dem Obst- und Gemüsemarkt zu, auf den sich Touristen kaum je verirren. Dort herrscht ein maßloser Wirrwarr, und zwischen zum Verkauf stehenden Vögeln, Hähnen und Hängebauchschweinen stapeln sich Ananas und Papayas, Durian und Mangos, Jackfruits und wie die Früchte (s. S. 103) alle heißen, die die Paradiese der äquatorialen Breiten erst zu solchen machen.

Wir lassen uns treiben, sehen beim Feilschen zu, probieren von süßen Sachen und schnuppern über Körben voller Gewürze, bevor es weitergeht nach **Batuan**, dem nächsten Dorf. Man spürt den Wechsel an den zahlreichen Schildern mit der Aufschrift »Woodcarving«, denn der Ort gilt zusammen mit Mas bei Ubud als Balis Zentrum für Holzschnitzkunst. Während in Mas zumeist Masken und Statuen angefertigt werden, sind es hier traditionelle Möbelstücke. Und wer einen Sinn für das Ausgefallene hat, der kann beispielsweise Himmelbetten erstehen, denen man vor lauter Schmuckwerk kaum ihre Bestimmung ansieht. »Schlafen wie ein Fürst auf Bali« – dieses Motto ziert einen Laden am Straßenrand, doch wer schwach wird, sollte bedenken, daß Edelholz-Import nach Deutschland verboten ist und balinesische Betten außerdem kaum 1,70 Meter Länge messen.

Hinter Sakah führt die Straße durch zunehmend dichter besiedeltes Land, und entsprechend stark ist sie auch frequentiert. Eine bunte Blechlawine japanischen Ursprungs wälzt sich hupend, knatternd und stinkend dahin. Auch Bali, man weiß es längst, ist vom Fortschritt erfaßt, doch

Ausmalen der Verzierungen an einem Himmelbett

inmitten der Dynamik modernen Lebens erstaunen immer wieder Bilder, die aus vergangenen Jahrhunderten stammen könnten: festlich gekleidete Dörfler, die Opfergaben zu Tempeln tragen; Frauen, die den Hausgöttern, die in kleinen Schreinen wohnen, oder den Dämonen, die an gefährdeten Stellen hausen (u. a. Straßenkreuzungen, Brücken), Nahrung und Räucherstäbchen darbringen.

Nach rund 24 Kilometern ab Sanur wird das Dorf **Kutri** erreicht; hier muß man langsam fahren, um das rechts der Straße aufgestellte Schild »Durga Kutri« nicht zu verpassen. Hinter dem Hinweis verbirgt sich eine Tempelanlage, der **Pura Bukit Dharma**, zu deutsch der »geheiligte Hügeltempel«. Er gilt als das bedeutendste Heiligtum der Todesgöttin *Durga* auf Bali und stellt die Verbindung zu den Mächten der Unterwelt her, als deren Herrscherin *Durga* angesehen wird.

Nach dem dualistischen Weltbild von *Agama Hindu Dharma,* der weltweit einzigartigen Hindu-Dharma-Religion der Balinesen, stehen Makrokosmos (Universum) und Mikrokosmos (Mensch) in einem antagonistischen Verhältnis zueinander. Der Mensch lebt also in einem Kosmos der Gegensätze wie Himmel und Erde, Tag und Nacht, Sonne und Mond, Berg und Meer, Leben und Tod, Gut und Böse, und seine Existenz wird erst durch das Zusammenwirken dieser Antipoden möglich.

Eine Kraft ist damit so gut wie die entgegengesetzte, und Bestreben des Menschen muß es sein, Harmonie zwischen diesen Gegensatzpaaren herzustellen. Das macht verständlich, warum die Balinesen den Göttern ebenso wie den Dämonen huldigen oder – im Fall dieses konkreten Tempels – der Todesgöttin, die die chthonische Sphäre, das Prinzip des Zerstörerischen, symbolisiert. *Durga* selbst gilt als Erscheinungsform der wiederum ambivalenten *Parvati* (die gleichermaßen auch als *Dewi Uma,* Göttin der Schönheit und der Liebe, erscheinen kann), die als Gattin von *Shiva* verehrt wird, dem Zerstörer.

Wir entrichten unseren Tempel-Obolus in Höhe von inselweit üblichen 500 Rupiah, mieten für weitere 500 Rupiah einen *selendang,* einen Schal, den man sich um die Taille bindet (und ohne den man keinen Tempel besuchen darf), und treten ein in die von einer Mauer umfriedete Anlage, die hier, stellvertretend für all die anderen Kultstätten auf Bali, näher erläutert werden soll: Hinsichtlich ihrer Ausstattung und Architektur gleichen sich die Tempel der Insel, weil sie alle symbolisch den gleichen Glauben darstellen.

Einlaß gewährt nur ein einziges Tor. Es ist meerwärts ausgerichtet und nach oben hin geöffnet, somit gespalten, wodurch die Erkenntnis der komplementären Kräfte des Kosmos zum Ausdruck gebracht wird. Jenseits dieses *candi bentar* erstreckt sich ein lichtüberfluteter offener Platz, der unter dem Namen *jaba sisi* die irdische Welt repräsentiert und nicht viel mehr als ein paar Ruhepavillons für Gläubige enthält und als Vorbereitungsort für Feste sowie Rituale dient. Ein oben geschlossenes Tor *(kori agung),* mit Flachreliefs und Schmuckornamenten überreich verziert, flankiert von Wächterfiguren und eindrucksvoller als alles andere im Tempel, versinnbildlicht den Übergang des Menschen von einer Existenz in eine andere und damit den Glauben an die Wiedergeburt.

Das gedeckte Tor führt, nach Umgehen einer Dämonenschutzmauer *(aling-aling),* in den zweiten Hof, den *jaba tengah.* Hier stößt man auf mehrere *bales,* Versammlungspavillons, und ein letzter Durchlaß führt ins Allerheiligste *(jeroan),* wo sich, stets den Bergen zugerichtet, die Schreine befinden, die den hier gehuldigten Gottheiten während ihres Verweilens auf der Erde als Aufenthaltsorte dienen. Diese *merus* bestehen aus steinernen Sockeln mit pagodenähnlichen Dachkonstruktionen, wobei die Zahl der gestaffelten Dächer (maximal elf) den Rang einer Gottheit im balinesischen Pantheon ausdrückt.

Den Tempel sollte man nicht verlassen, ohne über die 99 bemoosten Steinstufen an der rechten Seite der Anlage durch eine düster umwaldete Felswelt in luftige Höhe zu einem Pavillon hinaufzusteigen. Das letzte Wegstück wird von den Luftwurzeln eines mächtigen Banyan-Baumes – heiliges Sinnbild des Lebens – überschattet, die hier einen regelrechten Vorhang aus Holz bilden. Am Pavillon selbst dann findet sich ein fast 1 000 Jahre altes, verwittertes und nicht sonderlich spektakuläres Bildnis der achtarmigen *Durga.* Was den Besuch dennoch zu einem kleinen Höhepunkt werden läßt, sind die mystische, weltentrückte Atmosphäre des Ortes und eine einzigartig schöne Aussicht. Braune Erdwälle und silbern schimmernde Bäche teilen ein Schachbrett smaragdfarbener Reisfelder im Saum regengrüner Hügel und Berge. Bali als Augenweide, das Bali der Farbprospekte – hier kann man es zum ersten Mal in Vollkommenheit genießen.

Die Route führt weiter nach **Gianyar**, dem Verwaltungssitz eines der acht Bezirke Balis (die wiederum in 50 Unterbezirke und rund 550 Dörfer zerfallen). Doch der Ort, an der Peripherie von Regierungsgebäuden und in seinem geschäftigen Kern von mehrgeschossigen Betonbauten geprägt, bietet keinerlei Sehenswürdigkeiten. Zwar gilt er als Zentrum der balinesischen Textilindustrie, aber diese Stoffe, unaufdringlich gemustert und unter dem Namen *endek* bekannt, kann man ebensogut in Ubud erstehen, wo man obendrein den Vorteil des Vergleichs mit anderen insularen Webarbeiten hat.

Auf der folgenden Strecke öffnet sich das Land, das nun dünner besiedelt, aber dennoch vollkommen der Reiskultur unterworfen ist. Zwei flußdurchströmte Niederungen werden gequert, und in den braunen Fluten erfrischen sich Kinder und Büffel. Leider kann man hier mitunter auch Truckfahrer sehen, die den Lebensspender Wasser dazu mißbrauchen, die Spuren eines Ölwechsels zu vertuschen. *Poluti,* Lehnwort für Umweltverschmutzung, ist zwar in die indonesische Sprache eingezogen, aber in den breiten Bevölkerungsschichten hat es noch keine Bewußtseinsänderung hinterlassen.

Klungkung, die Bezirkshauptstadt von Ostbali, blickt auf eine reiche Vergangenheit. Hier wird man mit quirligem Leben konfrontiert, einem farbenprächtigen Markt (rechts der Durchgangsstraße) und insbesondere verführerischen Düften, die aus unzähligen einfachen Eßlokalen kommen. Jeder dieser *warungs* bietet *nasi goreng* und *nasi campur* (s. S. 178), keiner aber europäische Küche. Es ist durchaus ein Erlebnis, in einem solchen »Restaurant« zu sitzen, die Menschen zu betrachten (aber nicht anzustarren, denn das gilt als rüde) und einen gedanklichen Zeitsprung um 600 Jahre zurück zu unternehmen. In jene Zeit, als die hinduistischen Adeligen auf der Flucht vor dem grünen Banner des Propheten Mohammed von Java hierher flüchteten und den Grundstock der Gelgel-Dynastie legten,

Bale Kebang, der Schwimmende Pavillon, im Taman Gili in Klungkung

deren Potentaten von nun an und bis ins 18. Jahrhundert hinein unter dem Titel *Dewa Agung* (»Erhabener Gott«) über ganz Bali herrschten. Dann zerfiel das Reich in mehr als ein Dutzend Fürstentümer, aber am Hofe von Klungkung fanden die schönen Künste, in denen sich Bali noch immer authentisch mitteilt, eine beispiellose Blüte, und zwar bis zum Jahre 1908, als die niederländischen Kolonialherren auf einer Strafexpedition gegen das rebellische Fürstentum den Palast, der als der schönste der Insel gepriesen wurde, in Schutt und Asche legten. Angesichts der Niederlage stürzten sich der letzte noch herrschende Regent Balis, seine Familie und all seine Anhänger in einem grauenhaften rituellen Amoklauf, dem *puputan*, in den Tod.

Die letzte Epoche balinesischer Geschichte ging hier zu Ende, und aus jener Zeit blieben im Taman Gili, einer Anlage mit künstlichen Seen direkt im Zentrum an der Durchgangsstraße, nur der **Bale Kembang**, der Schwimmende Pavillon, und die **Kerta Gosa**, die Gerichtshalle aus dem 18. Jahrhundert, erhalten. Als sehenswert gelten nicht die Gebäude selbst, sondern die mehrfach restaurierten, in Ocker, Schwarz und Rot gehaltenen Wayang-Malereien, die die Innenflächen der offenen Dachstühle vollständig bedecken. Über die Deckenmalereien in der Kerta Gosa, wo einst die höchsten Brahmanen-Priester Recht sprachen, existieren die unterschiedlichsten Interpretationen. Selbst Bali-Kenner meinen, daß die Szenen darstellen, welche Strafen ein Frevler zu erleiden hat. Wäre dem so, dann wäre ein Marquis de Sade gegen die Balinesen ein Waisenknabe gewesen, denn das in Zeilen zu lesende Werk setzt, zumindest in den unteren Reihen, grauenhafte Folterqualen in Szene, die sich jeder Beschreibung entziehen. Was die bunten Scheußlichkeiten symbolisieren wollen, sind die Qualen der »Hölle«. Aber nicht, um abzuschrekken (denn kein Normalsterblicher fand einst Zugang zu dieser Halle), sondern, wie Rüdiger Siebert es nennt, um »im

Der Terrassenanbau ermöglicht in 14 Monaten bis zu drei Reisernten

übertragenen Sinn den Ausgleich zwischen Verfehlung und Vergeltung darzustellen«. Ausgleich, Erholung für das Auge, bieten auch die oberen, in der Mitte der Decke befindlichen Bildreihen, die zeigen, wie die reine »Seele« von den Göttern aufgenommen wird und welche Wonnen dort auf sie warten.

Auf den letzten 30 Kilometern der heutigen Route führt die Straße durch eine Bilderbuch-Landschaft. Alle Hänge, und seien sie noch so flach, sind terrassiert,

Kokospalmen und Bambus stehen Spalier, und darüber schwebt der Kegel des **Gunung Agung** zum Göttergruß. Dieser Berg, den man erst gegen Ende der Rundreise wieder aus den Augen verlieren wird, gilt als symbolischer Mittelpunkt des Universums und als »Sitz der Götter« (s. S. 50). In seiner Macht liegt es, Katastrophen zu bringen, zum letzten Mal 1963 durch einen Vulkanausbruch geschehen (s. S. 48) – ein wenige Kilometer außerhalb von Klungkung am rechten Straßenrand gelegenes Lavafeld erinnert daran. Auch das breite Flußtal des Yehunda, das zuvor auf hoher Brükke gequert wird, blieb nicht verschont. Erst am nahen Meer, beim Fischerort **Kusamba**, kam seinerzeit der glutflüssige Brei zum Stillstand. Die Strände sind dort von schwarzer Farbe, am Ufer liegen bunte Auslegerboote unter Palmblattdächern, und überall sieht man Männer, Frauen und Kinder bei der mühsamen Arbeit der Salzgewinnung aus feuchtem Sand. Der wird erst ausgebreitet und später in Behältnisse gefüllt, aus denen dann das stark salzhaltige Wasser heraustropft, das aufgefangen und in lange Tröge geleitet wird, wo es verdunstet.

Bald erstreckt sich linker Hand ein großer Parkplatz. Reisebus steht neben Reisebus, wir schwenken ein und werden sogleich von aufdringlichen Souvenirverkäufern umringt. Aber dann erinnern wir uns an die erste Bali-Lektion – lächeln also, werden nun ein wenig in Ruhe gelassen und gehen zum Eingang der **Goa Lawah**, der Fledermaushöhle, die sich in einem angrenzenden Kalksteinkliff öffnet. Spitze Schreie dringen aus der Grotte heraus, in ihrem Innern riecht es stark nach Ammoniak, und die Wände glänzen schwarz. Zum Teil, weil sie mit Kot überzogen sind, vor allem aber, und erst auf den zweiten Blick zu sehen, weil Millionen von Fledermäusen, mit den Köpfen nach unten an die Wände gekrallt, hier schlafen. Sie gelten als heilig, wie auch die Höhle selber, die, so der Glaube, bis zum Fuße des fernen Agung führt, wo sie im »Höhlentempel« des Besakih-Komplexes (s. S. 48ff.) endet und somit die Antipoden Meer und Berg oder Dämonen- und Götterwelt verbindet.

Nach rund sechs Kilometern und zahlreichen Ausblicken aufs Meer, den Agung und die hügelige Reisterrassen-Landschaft geht es rechts nach **Padang Bai**. Hunderte von kleinen und großen Auslegerbooten bedecken den halbmondförmigen Dorfstrand, auf dem die Fischer ihre Netze flicken und sich Urlauber sonnen. Das Wasser in der palmgesäumten Bucht schimmert jadegrün und eignet sich bestens zum Schnorcheln und Tauchen; wohnen kann man in zwar einfachen, aber außerordentlich romantischen Bungalows. Padang Bai, der (als Ort eher wenig attraktive) Fährhafen zur Nachbarinsel Lombok (s. S. 137ff.), gilt als Geheimtip, und es ist eine Frage des persönlichen Geschmacks, ob man diese Route hier oder in Candi Dasa beendet.

Wer sich für letzteres entscheidet, folgt der Straße bis zu ihrem Ende am Hafen, parkt dort und wandert nach links am Strand entlang, wo sich auch die Tauchbasis, die Restaurants und die Unterkünfte befinden. Wer hier übernachten will, sollte sein Fahrzeug dorthin gleich mitnehmen, rund 300 Meter vor dem Hafen nach links einbiegen (an der Ecke ein Polizeiposten) und dann der Holperpiste parallel zum Strand folgen.

Von der Hauptstraße, die 2,5 Kilometer nördlich Padang Bai verläuft, sind es noch elf Kilometer bis ans Ziel der Route. Die Landschaft wird immer eindrucksvoller und grüner, Farn, Bambus und Palmen überschatten oft das nur noch schwach frequentierte Asphaltband, und hier und da zweigen auch Stichwege zu kleinen Stränden ab. Der schönste wird nach sieben Kilometern passiert, er trägt den Namen Balina, ist vom gleichnamigen Resort gesäumt und ausgeschildert. Auch hier kann man gut übernachten.

Schließlich führt die Straße wieder direkt ans Meer heran, und wo sie die Küste berührt, beginnt **Candi Dasa**, ein zwei Kilometer langer Strandort an der palmenreichen Amuk-Bucht mit einer Handvoll vorgelagerter kleiner Inseln. Noch vor wenig mehr als zehn Jahren gab es hier nichts als Natur pur, bis die Rucksackreisenden auf ihrer Suche nach ruhigeren und billigeren Alternativen zu Kuta und Sanur hierher kamen. Erste Unterkünfte entstanden, und innerhalb kurzer Zeit war aus dem Insidertip ein Tourismusziel geworden. Heute präsentiert sich die Bebauung beiderseits der Durchgangsstraße nahtlos, aber zahlreiche Hotels sind »auf Sand gebaut«, denn gar so viele Urlauber wollen nicht mehr kommen. Dieser Wandel ist die Folge eklatanter Eingriffe in die marine Natur, denn Dynamitfischer und Korallenjäger zerstörten das schützende Riff. Seitdem rächt sich das Meer, indem es den einstmals so weißen Sand abträgt und unattraktiv graufarbigen anschwemmt. Bei Flut kann von einem Strand keine Rede mehr sein. Daher versuchte die Regierung durch den Bau von häßlichen Betonmauern und -poldern, die mittlerweile den gesamten Strand in schmale Scheibchen schneiden, das Geschehene rückgängig zu machen. Als Urlaubsort mag man Candi Dasa kaum empfehlen, aber als Etappenziel für ein, vielleicht auch zwei oder drei Tage bietet es sich an: Unterkünfte gibt es in allen Komfortstufen, die Preise sind erheblich niedriger als in den Ferienzentren des Südens. Die Infrastruktur ist gut, aber nicht aufgebläht. ■

Candi Dasa, Strandort an der Amuk-Bucht

2. Tag – Route: Candi Dasa – Tenganan – Besakih – Tirtagangga (115 km)

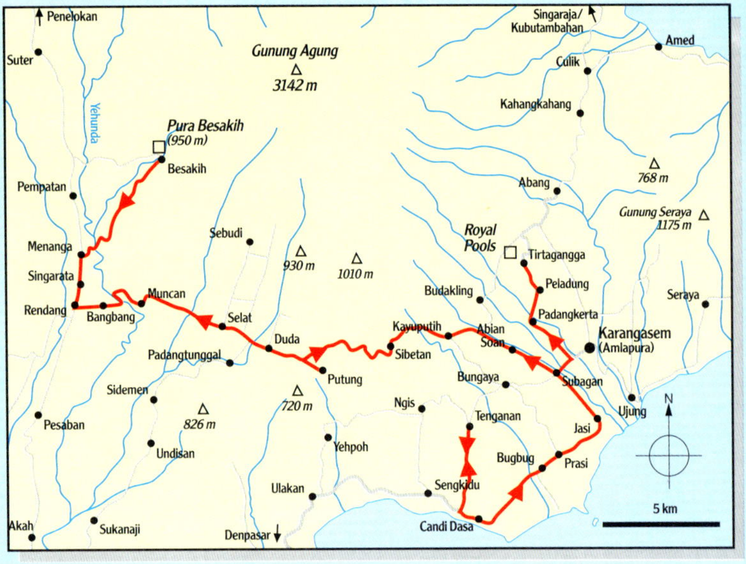

km	Zeit	Route
0	7.00 Uhr	Abfahrt von Candi Dasa
4		**Tenganan**, Spaziergang durch das Dorf der Ureinwohner Balis, dann zurück
21		Subagan, links Richtung Rendang
57		Rendang, den Schildern »Ke Denpasar« bis zur Hauptstraße folgen, rechts abbiegen nach
66	10.00 Uhr	**Besakih**, Besichtigung des heiligsten Tempels der Insel, dann zurück Richtung Subagan
85	12.30 Uhr	**Putung Cottages**, Lunchpause
115	14.30 Uhr	**Tirtagangga**, ehemaliges Wasserschloß

Timing: Der Zeitplan sollte möglichst eingehalten werden, denn spätestens zwischen 11 und 12 Uhr hüllt sich der Gunung Agung in dichte Quellwolken, was die Fahrt nach Besakih, aber auch Besakih selbst weniger reizvoll macht.

2. Tag – Route: Candi Dasa – Tenganan – Besakih – Tirtagangga (115 km)

Mit öffentlichen Verkehrsmitteln: Per *Ojek* (Motorradtaxi) ab Kreuzung Haupt- mit Landstraße in Candi Dasa nach Tenganan und zurück, dann ab Hauptstraße Bemo Richtung Amlapura/Karangasem, in Subagan aussteigen. Ab hier (Kreuzung Hauptmit Landstraße nach Rendang) weiter mit Bemo nach Rendang, ab dort Ojek- oder Bemo-Anschluß nach Besakih. Wieder zurück bis Subagan, dann zu Fuß (ca. 2 km) oder per Bemo zum Abzweig nach Tirtagangga und per Bemo dorthin. Die Fahrt ist so problemlos möglich, aber zeitaufwendiger als oben aufgeführt (Ankunft in Tirtagangga etwa gegen 17 Uhr).

Extratouren: Tirtagangga ist idealer Ausgangspunkt sowohl für verschieden lange Wanderungen über die Dämme der Reisterrassen-Labyrinthe als auch für Spaziergänge durch zwar kleine, aber nichtsdestotrotz hinreißend schöne Primärwald-Enklaven und bietet sich schließlich auch als »Basislager« für eine Besteigung des 3 142 m hohen **Gunung Agung** an, wofür man aber mindestens einen (sehr langen) Tag, besser zwei Tage, ansetzen muß. Für den Weg auf den »Olymp« der Insel und auch für die anderen Wanderungen empfehlen wir die Mitnahme eines Führers. Erstens, weil man nicht über alle Reisfelddämme laufen darf (schnell ist das Tages- oder auch Wochenwerk eines Bauern zerstört), zweitens, weil die spektakulärsten Regenwald-Haine nicht leicht zu finden sind und drittens, weil man ohne versierte Begleitung auch keine erklärenden Worte bekommt.

In Tirtagangga haben sich mehrere wegkundige und englischsprechende Balinesen auf die Belange wanderlustiger Touristen eingestellt. (Informationen in den Bungalowanlagen.)

2. Tag – Informationen

Tenganan
Am Ende einer Stichstraße, die in Candi Dasa beginnt
Dorf der noch in prähinduistischer Kultur verharrenden Ureinwohner Balis, das man noch in den 60er Jahren nur mit einer Sondergenehmigung besuchen durfte. Spaziergang entlang der beiden Dorfstraßen, auf denen Kunsthandwerker ihre Fähigkeiten zeigen.

Geringsing-Stoffe
In Tenganan kann man diese weltweit nur hier hergestellten, teuren, aber unvergleichlich schönen Stoffe direkt bei den Webern erstehen. Sie werden im Doppel-*Ikat*-Verfahren gefertigt, einer höchst komplizierten und jahrtausendealten Technik der Textilmusterung.

Gunung Agung
Die gesamte Strecke zwischen Subagan und Besakih ist eine einzige Sehenswürdigkeit, ihre Highlights sind der stete Ausblick auf den Vulkan Gunung Agung, kleine traditionelle Dörfer, Märkte, Re-

genwald-Enklaven und eine Reisterrassen-Landschaft, die zu den beeindruckendsten Balis zu rechnen ist.

Pura Besakih
Balis Tempel aller Tempel, der sogenannte »Muttertempel«, zieht sich zwischen 900 und 1 000 m Höhe an der Südflanke des Gunung Agung hinauf und wird täglich von Tausenden Pilgern und Touristen besucht. Ein »Muß«, nicht nur für kulturhistorisch Interessierte.

Putung Cottages
Rechts der Landstraße Rendang – Amlapura/Karangasem
Lunchpause auf der Terrasse des Restaurants mit einem der schönsten Panoramen der Insel und guten, preisgünstigen indonesischen und chinesischen Gerichten.

Tirtagangga:

Durchgangsstraße Amlapura/Karangasem – Singaraja
In unnachahmlich lieblicher und vom Gunung Agung überragter Reisterrassen-Landschaft gelegenes Refugium mit dem Wasserschloß des letzten Raja von Karangasem: üppige Parkanlage mit Springbrunnen, Wasserspeiern und sauberen, mit heiligem Quellwasser gefüllten Badebassins.

Dank der Höhenlage von rund 400 m über dem Meer ist es hier klimatisch außerordentlich angenehm, eine Klimaanlage wird kaum vermißt, und die atemberaubende Lage der Bungalowanlagen macht den fehlenden Luxus mehr als wett. Wem Air-conditioning und Komfort von internationalem Standard wichtig sind, der muß nach Besuch von Tirtagangga bis Candi Dasa zurückfahren (ca. 16 km).

Tirta Ayu
Wasserschloß
Auf den Fundamenten des ehemaligen Raja-Palastes errichtete und vom Sohn des letzten Raja von Karangasem geführte Bungalowanlage mit schlichten, aber in einzigartiger Atmosphäre in einem verwilderten Garten gelegenen Steincottages. Mit Bad/WC, Ventilator, Moskitonetz. Außerdem zwei doppelgeschossige Luxusbungalows mit Blick über die Badebassins. $$ und $$$$$

Kusumajaya
Oberhalb des Wasserschlosses (Am Wasserschloß vorbei und nach der scharfen Rechtskurve links parken, dann über mehr als 200 Stufen zur ausgeschilderten Anlage hinauf.)
Zwischen Reisterrassen auf schmalen Absätzen errichtete Steinbungalows in mehreren (aber stets einfachen) Komfort- und Preisstufen (alle mit Bad/WC, Ventilator). Das Panorama auf den Agung, den Wasserpalast, die Kulturlandschaft und das Meer ist schlicht extraordinär. $–$$$

Prima Bamboo Home
Oberhalb des Wasserschlosses, 300 m weiter als Kusumajaya
Bezüglich der Lage ganz ähnlich wie das Kusumajaya, aber das Panorama ist begrenzt, umfaßt nur die Felder und das Meer. Dafür sind die Stein- und Holzbungalows ein wenig komfortabler. $$–$$$

Empfehlenswert: das Restaurant des **Tirta Ayu** das direkt auf die Badebassins und Lotosteiche des Wasserschlosses blickt. Von der Terrasse des **Kusumajaya** aus erfaßt der Blick den ganzen Osten Balis, und der Sonnenuntergang wird zur farbenprächtigen Dinner-Show. Beim **Bali Café** schließlich (inmitten von Reisfeldern zwischen Wasserpalast und Kusumajaya) handelt es sich um ein sehr idyllisches Restaurant, in dem sowohl balinesische als auch internationale Spezialitäten günstig und stilvoll serviert werden.

Im Angesicht des Weltenberges
Zum Pura Besakih und den »Wassern des Ganges«

Am Südrand von Candi Dasa führt die Straße nach Tenganan landeinwärts, und sofort drängt sich das Gefühl auf, die schmale Spur sei eine Art Wellssche Zeitmaschine. Sie führt durch das dunkle Grün eines dichten Palmenwaldes und vorbei an hölzernen Pfahlbaudörfern, an denen das 20. Jahrhundert spurlos vor-

300 Bali Aga, Ureinwohner der Insel, leben in Tenganan

übergegangen zu sein scheint. Hier beginnt das alte Bali, und das ganz alte, das noch in prähinduistischer Kultur verharrt, wird nach rund vier Kilometern am Ende der Straße erreicht. Dort erstreckt sich jenseits einer dunklen Mauer **Tenganan**, ein Dorf mit etwa 300 *Bali Aga*, den Ureinwohnern der Insel. Noch in den 60er Jahren durfte man diese, sich selbst als »Gesellschaft der Auserwählten« bezeichnende Gemeinschaft nur mit einer Sondergenehmigung besuchen. Doch nun hat man sich dem Tourismus geöffnet. Die Folgen sind nicht zu übersehen: Auf einem Parkplatz wird zur Kasse gebeten, Souvenirstände bilden einen nahtlosen Saum, und auch der Einlaß ins Dorf ist kostenpflichtig. Innerhalb der Umfriedung herrscht Marktbetrieb, vor allen Häusern innerhalb des rechteckigen und von zwei parallel verlaufenden Straßen durchzogenen Ortskerns baumeln Andenken im Wind. An kleinen Ständen zeichnen Handwerker Miniaturillustrationen mit spitzen Messern auf Blätter der Lontar-Palme.

Tenganan erinnert ein wenig an ein Freilichtmuseum. Daß es hier kein Privateigentum gibt und das Gebot der Endogamie, der Eheschließung nur innerhalb des Dorfes, herrscht, ist wohl eine

Geringsing-Stoff, im Doppel-Ikat-Verfahren hergestellt

Geschichte aus vergangenen Tagen. Die Kultur der *Bali Aga*, die sich gemäß ihrem Schöpfungsmythos als direkte Nachfahren der ersten beiden gottgeschaffenen Menschen empfinden, verflacht zusehends – diesen Anschein hat es zumindest für uns, als wir in den für Rituale vorgesehenen Pavillons Kinder vor Fernsehapparaten sitzen sehen.

Eine Besonderheit und ein begehrtes Souvenir sind die im Doppel-*Ikat*-Verfahren gemusterten **Geringsing-Stoffe**, die weltweit nur hier hergestellt werden. Die Preise spiegeln diese Einmaligkeit wider – manche Stücke kosten von 1 000 bis zu mehreren Tausend Dollar –, und sie sind gerechtfertigt, wenn man den erforderlichen Arbeits- und Zeitaufwand in Betracht zieht. Das »Ikatten« gilt als ältestes und auch kompliziertestes Verfahren der Textilmusterung im indonesischen Raum und kam schon vor der Zeitenwende mit den altmalaiischen Einwanderern auf den Archipel. Das Wort bedeutet »Binden« und bezeichnet die Färb- und Webtechnik, bei der entsprechend dem gewünschten Muster die Kett- und Schlußfäden vor dem Verweben zusammengebunden und in die Farbe gelegt werden, die dann wochenlang einwirken muß und von den abgebundenen Teilen nicht aufgenommen wird. Anschließend liegen die Fäden ebensolange zum Trocknen in der Sonne; der ganze Herstellungsvorgang dauert bei besonderen Stücken bis zu fünf Jahren und mehr.

Traditionell dominieren Blau (durch Indigo-Pflanzen) und Rot (durch Mendu-ku-Wurzeln), mitunter auch Gelb (durch Verwendung des Gewürzes Kurkuma). Nach dem Trocknen werden die Fäden entsprechend dem gewünschten Muster sortiert, gespannt, gestärkt und schließlich verwebt.

Auf dem Rückweg folgt man der Hauptstraße, die links durch Candi Dasa

Noch ist der Gipfel des Gunung Agung nicht in Wolken gehüllt

und eine panoramareiche Hügellandschaft führt. Nach einem kurvenreichen Abschnitt überblickt man von einer luftigen Höhe aus die rund 35 Kilometer breite **Lombok Strait**, die Bali von Lombok trennt, und genießt anschließend das majestätische Heraussteigen des lavagrauen Gunung Agung aus einer sattgrünen Reisfeldebene. Noch präsentiert sich der Vulkan als Kegelstumpf, aber schon wenige Fahrminuten später beeindruckt er durch seine gleichermaßen elegante wie respekteinflößende Form, wenn der Gipfel nicht mehr von Wolken verdeckt ist. Jetzt sollte man einen Blick auf die erdgeschichtliche Entwicklung sowohl der Insel als auch des indonesischen Archipels werfen.

Wie die meisten Geologen heute glauben, besteht die äußere Schale der Erde, die bis zu 100 Kilometer dicke Lithosphäre, aus mehreren Platten, die sich gegenseitig bewegen und denen die Kontinente »aufsitzen«. Im indonesischen Großraum konvergieren nach diesem Modell der Plattentektonik drei Platten miteinander, nämlich die Eurasische mit ihrem Ausläufer Sunda-Scholle (der neben Bali auch Java und Sumatra aufsitzen), die Ozeanisch-Australische und die Pazifische Platte.

Die Sunda-Scholle gilt als das Kernstück des Landes, das vor etwa 25 Millionen Jahren entstanden sein soll, als die Ozeanisch-Australische Platte von Süden her unter Eurasiens Rand abtauchte. Als Folge dieser Plattenkollision entstanden überdimensionale Grabenbrüche oder Tiefseegräben (die etwa südlich von Bali bis über 7 500 Meter abfallen) mit aufgewölbten Rändern, die durch starke vulkanische Aktivitäten charakterisiert sind und unter dem geologischen Begriff »jungtertiäre Faltenbogengürtel« das Rückgrat der Inselwelt bilden.

Auf diesem über 5 000 Kilometer langen Bogen reiht sich Vulkan an Vulkan (insgesamt über 300), allein in geschichtlicher Zeit wurden über 200 Ausbrüche registriert, und jährlich gibt es bis zu 1 000 Erdbeben. Noch heute gelten in Indonesien 125 Vulkane als besonders gefährlich, davon 35 auf Java und zwei auf Bali.

Brachte der Gunung Batur (s. S. 65, 66ff.) 1926 zum bisher letzten Mal Verheerung über das Land, so entfesselte der Agung, an dessen Südflanke die heutige Route vorbeiführt, noch 1963 seine todbringenden Gewalten. Und trotzdem befinden sich die größten agrarischen Bevölkerungsballungen auch auf Bali gerade um diese »Killerberge« – über 500 Menschen leben hier im Durchschnitt auf einem Quadratkilometer.

Rund 90 Prozent der Einwohner sind in der Landwirtschaft tätig, weil die Vulkane nicht nur vernichten, sondern durch mineralhaltige Ascheregen die Fruchtbarkeit der Böden, die hier zu den ertragreichsten der Erde zählen, erhöhen. Zwei bis drei Reisernten können pro Jahr eingebracht werden, weil auch außerhalb der Regenzeit ausreichend Niederschläge fallen, bedingt durch den Luftstau, den die hohen Berge bewirken und der zu Steigungsregen führt. Dieses Phänomen läßt sich während der Fahrt beobachten, denn Tag für Tag ab etwa 10 bis 11 Uhr hüllt sich der Kratergipfel in erste Schleier. Sie verdichten sich bald zu Quellwolken, und um die Mittagszeit sind nur noch die unteren Lagen des Berges sichtbar.

So sollte man sich beeilen, Besakih, das Hauptziel der heutigen Route, noch vor der Wolke zu erreichen, und Aufenthalte auf den folgenden 45 Kilometern vermeiden. Die kann man später, nach Besichtigung von Besakih, wenn die Zeit nicht mehr drängt und man über die gleiche Straße wieder zurückfährt, nachholen.

Die Naturkulisse bietet hinter jeder Kurve neue Eindrücke; ist das Land erst mit einem grünen Reisfeldteppich ausgelegt, schlängelt sich die holprige Straße bald durch alte Wälder hindurch. Die Wipfel der Riesenbäume treffen in der Höhe zusammen, Lianen hängen von den Zweigen, Farne, Bambus, Lilien und Philodendron wuchern. Und immer gewährt das Grün einen Ausblick auf den imposanten Vulkan, in den die Regenwasser im Laufe der Jahrtausende radial angeordnete Kerben genagt haben. Kleine Dörfer schmiegen sich an steile Hänge, der Wald tritt zurück, und in nicht enden wollendem Auf und Ab kurvt man nun durch eine vollständig terrassierte Landschaft.

Hinter Rendang, einem langgestreckten Dorf, führt die Route durch eine sanft ansteigende Reisfeldlandschaft weiter. Ein Schlagbaum versperrt den Weg, 200 Rupiah sind pro Auto zu entrichten – als Parkgebühr. Den angrenzenden großen Platz säumen wieder Souvenirgeschäfte. Nur zu Fuß ist es erlaubt, den letzten Kilometer zum **Pura Besakih** zu bewältigen. Steil und flankiert von unzähligen Shops führt die Prozessionsallee hangaufwärts, aber bevor man sie beschreiten darf, kommt ein Wächter herbei und bittet um Spenden. 1 000 oder auch 2 000 Rupiah gibt man gerne und braucht sich dabei auch nicht knauserig vorzukommen, denn die im Spendenbuch ausgewiesenen Beträge in Höhe von 20 000, gar 100 000 Rupiah sind durch großzügiges Hinzufügen von Nullen an die wirklich gegebenen Summen entstanden.

Nun stehen wir also vor dem »Muttertempel«, einer monumentalen Ansamm-

Tempelkomplex des Pura Besakih an der Flanke des Gunung Agung ▷

lung von rund 200 Bauwerken in fast 30 Einzelkomplexen, die sich über eine große Anzahl von Terrassen, durch Treppenfluchten miteinander verbunden, an der Flanke des Gunung Agung hinaufziehen. In diesem zentralen Heiligtum der balinesischen Welt, das der Überlieferung zufolge schon im 8. Jahrhundert als hinduistische Kultstätte gegründet wurde, unterhält jedes der alten Fürstengeschlechter einen speziellen Bezirk, hat jedes Dorf und noch jede Sippe eigene Schreine und Altäre errichtet. Der Platz ist trefflich gewählt, denn nach dem Mythos, war Bali einst eine flache und gänzlich unfruchtbare Insel, bis niemand anderer als *Shiva* persönlich den kosmischen Weltenberg *Mahameru* von Indien hierher trug und ihn dann in zwei Teile zerriß – nämlich in den Agung und den benachbarten Batur. Der Gunung Agung, fast doppelt so hoch wie der Batur, gilt den Balinesen als der »Nabel der Welt«, auf dem der Eine Allmächtige Gott thront: *Sanghyang Widhi Wasa* – Manifestation der Hindu-Göttertrinität *Brahma-Vishnu-Shiva*.

Dieser auch als *trimurti* (Göttertrinität) bekannten Erscheinungsform folgt die Gliederung des Komplexes in drei Hauptheiligtümer, vor deren wichtigstem man am Ende der Prozessionsallee steht. Es wird durch ein riesiges gespaltenes Eingangstor (das auch die Spaltung des Weltberges symbolisieren soll) dominiert und ist *Shiva* geweiht, dem Zerstörer; der östlich angrenzende Tempel dient *Brahma*, dem Schöpfer, der westliche schließlich *Vishnu*, dem Erhalter. Der Zutritt zu den Kultstätten ist nur Gläubigen gestattet. Touristen werden normalerweise sofort abgewiesen. Manchmal gelingt es jedoch das Tempelinnere zu besichtigen, wenn man den Wunsch äußert, meditieren zu wollen. Bei einer Innenbesichtigung fallen die schwarz-weißen Tücher auf, die alle Götter- und Dämonenstatuen (nicht nur die in Besakih) um die Hüften tragen. Schwarz-weiß symbolisiert die ewig gegensätzlichen Kräfte von Gut und Böse, Tag und Nacht etc.

Ansonsten bleibt das Umwandern. Man folgt dem rechts der Tempelmauer verlaufenden Stiegenweg bis zur nördlichen Stirnseite, wo nach rechts ein Feldweg abzweigt, der bald zu einem kleinen Kiosk führt. Dort bekommt man eisgekühlte Getränke und kann – nun über 1 000 Meter hoch – die Aussicht über die Gesamtanlage genießen. Aber der Blick umfaßt auch das Kernland Balis und den weißen Brandungssaum bei Kuta und schweift schließlich über das unvorstellbar grüne Schelfwasser der Korallenriffe hinaus auf den Indischen Ozean, wo er von einem stets leicht dunstigen Horizont begrenzt wird.

Auf dem Spaziergang kann man hier und da durch kleine Einlasse in die Tempelbezirke hineinschauen, in denen weiß gekleidete Priester die uralten *mantras* (Beschwörungsformeln) sprechen und geweihtes Wasser versprengen. Auf der Westseite des Heiligtums zeugen schmale Bänder aus grau erstarrter Lava von der letzten Eruption des Agung, der im März 1963, nach 120 Jahre währendem Schweigen, wieder seine Götterstimme erschallen ließ und viele Teile des Inselparadieses verheerte. Tausende Menschen kamen in den glühenden Wolken und Lavaströmen um, die sich vom Weltenberg herabwälzten. Aber der Besakih-Tempel, in dem gerade *Eka Dasa Rudra* gefeiert wurde (das nur alle 100 Jahre stattfindende Fest der Feste, bei dem das gesamte Universum symbolisch gereinigt wird) und die in ihm ausharrenden Gläubigen wurden verschont. Der Lavastrom teilte sich vor dem Komplex. Ein Wunder war geschehen.

Nun geht es zwar auf dem gleichen Weg zurück, Richtung Osten, aber die

Landschaftsbilder präsentieren sich jetzt ganz anders. Auch hat man Zeit, sie zu genießen, kann in einem der zahlreichen Dörfer am Weg halten, über die dort fast täglich stattfindenden Obst- und Gemüsemärkte schlendern und im Dorf Duda, rund zwölf Kilometer hinter Rendang, nach rechts zu den ausgeschilderten **Putung Cottages** abbiegen.

Nur wenige Plätze gibt es auf Bali, wo man panoramareicher zu Mittag essen kann, denn die kleine Bungalowanlage mit angeschlossenem Restaurantbetrieb befindet sich direkt über einem steil abfallenden Hang. Große Teile des Südens und Ostens der Insel liegen einem zu Füßen, stets weht ein kühler Wind, und auch wer keinen Hunger verspürt, sollte hier eine Rast einlegen.

Schließlich erreicht man wieder Subagan und damit die Hauptstraße, der man nach links folgt, wo schon die ersten Häuser von **Amlapura** auftauchen. Früher hieß die Stadt wie der Distrikt **Karangasem**, und auch heute noch ist der alte Name so geläufig, daß Amlapura zum Beispiel in Telefonbüchern unter »K« geführt wird. Schuld an diesem Nebeneinander hat der Agung, dessen letzter Ausbruch Karangasem, einen der prächtigsten Orte Balis, nahezu vollständig zerstörte. Wiederaufgebaut, brauchte die Stadt eine neue Bezeichnung, denn nach dem Glauben der Balinesen gibt es keinen wirklichen Neuanfang mit einem alten Namen. Das einzig Sehenswerte an dem auf dem Reißbrett entstandenen Amlapura ist die ehemalige Residenz des Raja von Karangasem, der Puri Agung Kanginan.

Wer sich den Besuch sparen möchte, folgt der Straße nicht ins Zentrum, sondern biegt bald schon erneut nach links ab, dem Richtungspfeil »Tirtagangga/ Singaraja« folgend. **Tirtagangga** gilt vielen als das schönste Refugium der Insel, denn so voller Poesie wie der Name, der »Wasser des Ganges« bedeutet, zeigt sich die Reisterrassen-Landschaft, die – in Sichtweite des Meeres und überragt vom Gunung Agung – von den Balinesen »Stufe zu den Götter« genannt wird.

Tirtagangga bezeichnet keinen Ort, sondern das 1947 vom letzten Raja von Karangasem errichtete Wasserschloß, in dessen Umgebung einige Bungalowanlagen entstanden sind. Der größte Teil der Gebäude fiel 1963 bei dem letzten Ausbruch des Agung in Schutt und Asche, aber die Badebassins, die von einer heiligen Quelle gespeist werden, sowie die Springbrunnen und Wasserspeier inmitten der großzügigen Parkanlage blieben erhalten bzw. wurden restauriert und sind nun der Öffentlichkeit zugänglich. ■

Qellwasserspeier in Tirtagangga, dem Wasserschloß des letzten Raja von Karangasem

3. Tag – Route: Tirtagangga – Kubutambahan – Penulisan – Kintamani – Penelokan (138 km)

km	Zeit	Route
0	8.00 Uhr	Abfahrt von Tirtagangga
7		**Tista**, Aussichtspunkt
19		**Tulamben**, Schwarzsandküste und Schnorchelparadies (Wracktauchen)
36	9.30 Uhr	**Alam Anda**, Tauchbasis, Bungalowanlage und Restaurant (ideal für ein zweites Frühstück)
79		**Kubutambahan**, im Ortszentrum links Schildern »Kintamani« folgen
115	12.30 Uhr	**Penulisan**, Paßhöhe (1 650 m über Meer) und Aussichtspunkt **Pura Tegeh Koripan**, Bergheiligtum auf 1 745 m
120	14.00 Uhr	**Kintamani**, Besichtigung des **Pura Ulun Danu** (Tempel der Göttin der Gewässer)
126		**Penelokan**, Dorf am Rande des Batur-Kraters; Lunchpause im **Lakeview**, dem panoramareichsten Restaurant/Hotel der Insel
132	16.00 Uhr	**Pura Jati**, Einstieg für die morgige Wanderung zum Batur-Krater, evtl. Bad im Batur-See unterhalb der Surya-Bungalows auf halber Strecke
138	17.30 Uhr	Einnehmen der Logenplätze im **Lakeview** (Penelokan) zur Beobachtung des Sonnenuntergangs; anschließend Abendessen. Möglichst zeitig ins Bett gehen, denn morgen muß man sehr früh aufstehen.

3. Tag – Route: Tirtagangga – Kubutambahan – Penulisan – Kintamani – Penelokan (138 km)

Mit öffentlichen Verkehrsmitteln: Per Bemo oder Bus ab Durchgangsstraße in Tirtagangga bis Kubutambahan, dort umsteigen ins Bemo nach Kintamani und Penelokan. Unterbrechen der Fahrt ist problemlos, denn die Bemos/Busse verkehren etwa im 30-Minuten-Takt. Von Penelokan per Bemo Richtung Kedisan, nach der Gefällstrecke an der (einzigen) Kreuzung aussteigen, Anschluß-Bemo nach links, Richtung Toya Bungkah, nehmen, in Pura Jati absetzen lassen. Dann aber möglichst nicht zurück nach Penelokan, sondern am See Quartier nehmen (s. u.), weil sonst der morgige Anmarsch zum Ausgangspunkt der Wanderung zu weit wäre.

Extratouren: Anstatt von Tirtagangga via Tista direkt in den Nordosten Balis zu fahren, kann man auch einer bei Karangasem/Amlapura beginnenden **Küstenstraße** folgen, die den östlichsten und vom Gunung Seraya (1 175 m) dominierten Zipfel Balis umrundet und spektakuläre Ausblicke auf die Steilküste, die Lombok Strait und (bei guter Wetterlage) auf Lombok bietet, allerdings teilweise in desolatem Zustand ist (Piste möglichst nur mit Allrad befahren). Von Touristen wird diese Route so gut wie gar nicht benutzt, entsprechend scheu sind die Menschen. Ab Amlapura-Zentrum den Schildern Richtung Ujung/Floating Palace folgen; am »Schwimmenden Palast« (von dem nur noch Ruinen übrig sind), nach 8 km, links auf die Küstenpiste, die beim Dörfchen **Culik** (zwischen Tista und Tulamben) wieder auf die Hauptstraße stößt. Dann zunächst nach links, bis zur Paßhöhe von Tista, ab dort zurück und via Culik weiter nach **Tulamben**. Gesamtstrecke bis Tulamben über diese Route rund 52 km (anstatt 19 km), Mehraufwand gut 2½ Std.

Kulturhistorisch interessierte Reisende sollten in **Kubutambahan** nicht direkt gen Kintamani/Penelokan abbiegen, sondern der nach Singaraja führenden Hauptstraße für rund 5 km folgen: bis zum Dörfchen **Sangsit** mit dem **Pura Beji**, einem überreich skulptierten Heiligtum der Reisgöttin *Dewi Sri*. Wenige Gehminuten nordöstlich (Richtung Meer) erhebt sich der **Pura Dalem**, ein Tempel der Unterweltsgöttin, dessen Außenmauern mit deftigen Darstellungen leiblicher Zweisamkeit geziert sind. Ein paar hundert Meter östlich Sangsit (Richtung Kubutambahan) zweigt von der Hauptstraße eine nach Sawan ausgeschilderte Sackgasse rechts ab, die nach 3 km zum Unterweltstempel **Pura Dalem Jagaraga** führt, an dessen Innen- wie Außenmauern bisweilen drastisch humorvolle Szenen aus dem täglichen Leben der Balinesen zu finden sind (z. B. ein ins Meer stürzendes Flugzeug, ein Raubüberfall, Schiffsunglück und vieles mehr). In Sawan, 5 km weiter, finden sich weitere Tempel mit phantasievoll »barockem« Schmuckwerk, außerdem werden Gongs für Gamelan-Orchester (s. S. 83f.) im traditionellen Bronzeguß hergestellt. – Gesamtumweg für diese Extratouren rund 26 km, Zeitaufwand ca. 3 Std.

Tista
Links der Durchgangsstraße Tirtagangga – Singaraja
Paßhöhe und Aussichtspunkt mit Blick in eine Schlucht und auf eine der spektakulärsten Reisterrassen-Landschaften von Indonesien und Südostasien schlechthin.

Tulamben
Rechts der Durchgangsstraße
Die ganze Strecke zwischen Tista und Tulamben ist eine Sehenswürdigkeit ersten Ranges, denn auf kürzester Distanz wandelt sich die Landschaft von üppig-tropisch zu arid-wüstenhaft und lavaverwüstet; außerdem genießt man von hier aus atemberaubende Ausblicke auf den steil aufragenden Gunung Agung. Tulamben selber bietet schwarze Sandstrände, zwei Bungalowanlagen mit kleinen Restaurants und gilt als Schnorchel-/Tauchparadies: direkt vor der Küste liegt das Wrack der »U.S. Liberty« auf Grund. Schnorchelausrüstungen sind in den Anlagen zu mieten, für Gerätetauchen sind die Tauchbasen von Candi Dasa zu kontaktieren (s. 1. Tag-Infos; organisierte Tauchtouren nach Tulamben kosten $ 70).

Alam Anda
Vor Sambirenteng, rechts der Durchgangsstraße
✆ und Fax (0361) 75 22 96; Reservierung (mindestens eine Woche vorher) von Deutschland unter ✆ (04881) 390, Fax (04881) 1200
Wunderschöne Anlage an einem kilometerlangen, einsamen Strand mit neun Bungalows unter deutscher Leitung. Gute Tauchkurse (CMAS-Zertifikat) und Exkursionen mit erfahrenen *Dive Masters* nach Tulamben. Im luftigen Restaurant kann man mit Blick aufs Meer ein zweites Frühstück einnehmen. $$$

3. Tag – Informationen

Penulisan
Paßhöhe an der Straße von Kubutambahan nach Penelokan
Mit 1 650 m über dem Meer der höchste per Straße erreichbare Punkt auf Bali: grandiose Panoramen über die Küstenebene des Nordens bis weit aufs Meer hinaus. Außerdem interessante Pflanzenwelt, denn der Paß liegt im Bereich des Nebelwaldes, wo die Bäume von Moosen, Flechten und Schlingpflanzen überwuchert sind.

Pura Tegeh Koripan
Ab Penulisan zu Fuß über 333 Stufen erreichbarer Tempel auf 1 745 m Höhe (damit der höchstgelegene der Insel), der dem Gott *Shiva* und seiner Gattin *Parvati* geweiht ist und mit phantastischer Lage und weltentrückter Atmosphäre besticht.

Pura Ulun Danu
Links der Durchgangsstraße in Kintamani
Die Straße zwischen Penulisan und Kintamani, wo dieser Tempel aufragt, gehört zu den Traumstraßen Asiens, gewährt sie doch Blicke in eine der größten Calderen (Einbruchskrater) der Welt, auf den Batur-See und den Batur-Vulkan mit 6 Kratern. Das Heiligtum ist der Göttin der Gewässer geweiht, düster und melancholisch, doch von unvergleichlicher Lage direkt über dem schwindelerregenden Abgrund.

Penelokan
Straßendorf mit Batur-Panorama, direkt auf der Abbruchkante der Riesen-Caldera gelegen. Hier und in der Umgebung zahlreiche Unterkünfte und Restaurants; Ausgangspunkt für die morgige Wanderung auf den Batur-Vulkan.

Achtung ✆ Vorwahl: Bei Wahl der Telefonnummern von außerhalb (z. B. von Candi Dasa) ist zu beachten, daß man die Nummer **03 62** vorschalten muß, wohingegen alle von hier in sonstige Inselbereiche (Ausnahme: Lovina Beach/ Singaraja) aufgeführten Telefonanschlüsse der Vorwahl **03 61** bedürfen.

Lakeview Homestay
Penelokan
✆ (0361) 3 20 23
Die Komfortzimmer mit teakverkleideter Trapezdecke, Keramikfußboden, französischem Bett, Kachelbad und Balkon in einem zweigeschossigen Bau, der sich direkt an den Steilhang anlehnt, riechen leider etwas muffig und sind recht renovierungsbedürftig. Die Budgetzimmer sind denkbar einfach eingerichtet. Wegen der grandiosen Lage ist das Haus dennoch zu empfehlen. Da trotzdem häufig ausgebucht, sollte man unbedingt schon tags zuvor von Candi Dasa aus telefonisch reservieren. $–$$$

Von keinem Restaurant auf ganz Bali bietet sich eine faszinierendere Aussicht als von den kleinen Balkonen, der Terrasse oder dem verglasten Speiseraum und der Bar des **Lakeview Restaurant**. Leider ist das Essen etwas lieblos zubereitet und preislich überzogen, aber für den einmaligen Blick nimmt man das in Kauf.

Surya Bungalows
Ab Penelokan der steil zum See hin abfallenden und nach Kedisan ausgeschilderten Straße folgen, im Caldera-Grund an der einzigen Kreuzung nach links, noch 100 m. Kleine Steinbungalows der schlichten, aber sauberen Art (mit Terrasse, Bad/WC), die teilweise auf den Batur-See blicken; angeschlossen ein kleines Seeblick-Restaurant.

Direkt gegenüber führt ein Fußweg zum 200 m entfernten See mit guten Bademöglichkeiten. Wer nicht über ein eigenes Fahrzeug verfügt, sollte hier anstatt im Lakeview nächtigen, weil er sonst am nächsten Morgen zum Ausgangspunkt der Vulkan-Wanderung einen 6 km langen Anmarsch vor sich hätte: von hier bis Pura Jati beträgt die Distanz nur knapp 2 km. Falls ausgebucht, bietet sich eine links angrenzende, preislich identische Anlage an. $

3 Insel aus Feuer und Meer
Um den Gunung Agung und auf das Dach der Insel

Lotos gilt als Symbol für Reinheit

Auch passionierte Langschläfer sollten sich an diesem Morgen aufraffen. Das Schauspiel der ersten Sonnenstrahlen auf den blauviolett leuchtenden Bougainvilleen, den blutroten Lilien und in weißer Taupracht glitzernden Gardenien, die den Wildgarten von Tirta Ayu zieren, ist überwältigend. Und dann der Lotos mit seinen weißen und hellrosa Knospen, die alle Teiche und Tümpel Tirtaganggas schmükken und denen man jetzt, ganz wie im Zeitraffer, bei ihrem plötzlichen Entfalten zuschauen kann. Nach der indischen Mythologie sind einst die Götter selbst aus Lotos *(padma)* geboren worden; eine andere Legende besagt, daß aus den Fußabdrücken der ersten sieben Schritte von Prinz Siddharta, dem späteren Buddha, Lotos entsprang. So gilt die zur Familie der Wasserlilien gehörige *Nelumbo nucifera* sowohl den Balinesen (wie allen Hindus) wie auch den Buddhisten als heiliges Symbol für Reinheit, Schönheit und ewiges Leben, denn obgleich die Lotospflanze tief im Morast wurzelt, so erhebt sich die eigentliche Blüte doch hoch über den »Schmutz« und wächst heran zum »lieblichsten Gewächs der Welt«.

Auch wer in Tirta Ayu übernachtet hat, sollte das Frühstück auf der Terrasse des Kusumajaya einnehmen, mit einer Aussicht, wie sie sich kein zweites Mal auf dieser Reise bietet. In der Tiefe erstreckt sich eine alle Nuancen von Grün durchlaufende Reisterrassen-Ebene, überflutete Parzellen reflektieren glitzernd das Sonnenlicht, und von rechts schaut der Kegel des Agung ins Bild, das im Osten vom olivfarbenen Meer begrenzt wird.

Durch diese Landschaft führt die Route während der ersten Kilometer. Beim Dörfchen **Tista** wird eine knapp 350 Meter hoch gelegene Paßhöhe erreicht, danach sollte man die erste Parkmöglichkeit wahrnehmen und der abschüssigen Straße für ein paar hundert Meter zu Fuß folgen. Zur Linken erblickt man eine nahezu senkrecht abfallende Schlucht, deren Hänge trotz ihrer Steile vollständig terrassiert wurden; mancher Reisfeld-Absatz mißt hier kaum einen halben Meter Breite, und

Reisterrassen-Landschaft bei Tirtagangga ▷

Die »Subak«, die Reisbau-Vereinigung, organisiert die Anlage und Fürsorge der Felder

Abertausende solch schmaler Stufen staffeln sich vom schattigen Schluchtgrund auf Meeresniveau bis in 600 Meter Höhe übereinander.

Diese Reisterrassen-Anlage gilt als eine der spektakulärsten des Landes und stellt ein einziges, mühsam mit Hacke und Schaufel geschaffenes Kunstwerk dar. Die balinesischen Reisbauern haben sich im Laufe der Jahrhunderte zu den kühnsten Landschaftsarchitekten der Welt entwickelt, entwickeln müssen, um zu überleben. Denn das Maß, das die Natur vorgab, reichte schon bald nicht mehr aus, die Bevölkerung zu ernähren, und so mußten die Anbauflächen durch

Reis ist nicht nur Nahrung, sondern Symbol des Lebens

Terrassenbau vervielfacht werden. Da kein einzelner ein solches Mammutwerk bewältigen kann, entstand auf Bali schon in grauer Vorzeit die *subak*, die Reisbau-Vereinigung, ohne die auch heute noch kein Dorf auskommt. Jeder Mann ist Mitglied, und was in anderen Kulturen die Aufnahme eines Heranwachsenden in den Kreis der Krieger war, das ist hier das Eintreten des Knaben in die Subak. Hier wird in ausgiebigen Beratungen und unter Berücksichtigung aller Einzelinteressen nach dem Prinzip der Harmonisierung der Gegensätze nicht nur entschieden, wo Felder anzulegen sind, sondern auch, von wem und wann, wann sie zu

»Beras« nennen die Balinesen den geernteten Reis

bewässern sind, wann das Setzen der Reispflanzen erfolgt, wann und nach wievielen Arbeitsgängen schließlich zu ernten und wie die Ernte zu verteilen ist.

Aber auch die Zahl und die Daten der Opferriten werden in der Subak festgelegt, denn Reis wird nicht nur als Nahrung verstanden, sondern als Symbol des Lebens schlechthin, als das, was das Irdische mit dem Himmlischen verbindet. Jede Pflanze gilt als beseelt von der Reisgöttin *Dewi Sri*. Die kleinen Opferhäuschen, die man überall auf den Terrassen sieht, sind ihr, der Gattin von *Vishnu,* dem Erhalter, geweiht. Um sie nicht zu erzürnen, darf während der Feldarbeit kein böses und in bezug auf den Reis kein alltägliches Wort fallen. So gibt man ihm dort spezielle, heilige Namen und meidet die drei Bezeichnungen, die er ohnehin schon hat: Reis auf dem Feld wird *padi* genannt, ist er geerntet, spricht man von *beras,* und in gekochter Form schließlich heißt er *nasi.*

Nach dieser grünen Welt führt die Route aus der Schlucht in ein weites, zum Meer hin offenes Muldental. Bald ragt von links der Gunung Agung ins Bild, und eine schwarz schimmernde, tief in die rotbraune Flanke eingeschnittene Lavafurche, die direkt auf die Straße zuläuft,

verleiht dem Berg etwas Bedrohliches. Damit paßt er so gar nicht in die üppig fruchtbare Landschaft. Doch schon wenige Minuten später dominiert das Schwarz-Braun-Grau von erstarrter Lava das Bild. Je weiter man fährt, desto unwirklicher erscheint alles, und man muß sich an diese »Ur«-Landschaft, die durch die letzte Eruption des Gunung Agung 1963 entstanden ist, erst gewöhnen. Nur unter unsäglichen Mühen gelingt es den verarmten Bauern nach 30 Jahren, wieder erste Kulturpflanzen anzubauen.

Aber auch ohne Vulkanismus würde sich Bali hier ganz und gar nicht als ein Tropenparadies präsentieren. Eher schon als Wüstenland, denn dieser Inselabschnitt leidet seit jeher unter der Ungunst der Götter. Insbesondere der Regengott *Indra* und *Dewi Danu,* die Göttin des

Reisanbau und -ernte werden in den Dörfern genossenschaftlich organisiert

Wassers, lassen sich nicht dazu bewegen, ausreichende Niederschläge zu schicken.

Die Geographen sehen das nüchterner und legen dar, daß der äußere Nordosten Balis im Windschatten des Zentralgebirges liegt und daher meist leer ausgeht, selbst wenn es auf der Luvseite – wie zwischen Oktober und März an den Nachmittagen üblich – »wie aus Eimern schüttet«. Es sind der Ost- und Westmonsun (vom arabischen *mausim:* regelmäßig wiederkehrend), um die sich auf Bali und in ganz Südostasien klimatisch alles dreht. Im Sommer entsteht der Ostmonsun als direkte Folge eines Hitzetiefs über dem indischen Subkontinent und im Winter der Westmonsun durch ein solches über dem australischen Kontinent. Zwischen April und Oktober weht der Ostmonsun vom trockenen Australien her – und er bringt so gut wie gar keinen Regen. Im Winterhalbjahr dann dominiert der Westmonsun, der der Insel über 1 700 Millimeter Niederschlag innerhalb von sechs Monaten beschert (in Deutschland sind es im Jahresdurchschnitt rund 800 Millimeter). Doch davon bekommt der Osten kaum etwas ab, weil er zuvor, im Lee der Berge, als Steigungsregen niedergeht.

Das einzige, was in der ariden Trockenzone, die nun durchfahren wird, gedeiht, sind Kakteen und Wolfsmilchgewächse, die als Sukkulenten in der Lage sind, für Zeiten der Dürre Wasser zu speichern. Auch Ziegen fühlen sich hier wohl; und nur direkt am Meer, das man bald und nach Überquerung eines Lavabettes erreicht, finden sich Kokospalmen in dem ansonsten wüstenhaften Landstrich. Tiefschwarz erstreckt sich der kilometerlange Strand entlang der Bali-See, und auf dem glühendheißen Sand liegen Hunderte kleine weiße Auslegerboote, denen die Fischer mit bunten Farben weit aufgerissene Haifischmäuler verpaßt haben. So lassen sich die Geister täuschen, das Fischen wird gefahrlos.

Aber auch ohne solchen Schutz kann man es wagen, sich bei **Tulamben** in die Fluten zu stürzen. Sie bringen allerdings keine Erfrischung, höchstens Erhitzung, und nur begeisterte Wrackschnorchler werden sich damit arrangieren können. Vor dem Dorf liegt nämlich seit nunmehr 50 Jahren die »U. S. Liberty« auf zehn bis 30 Meter tiefem Grund. Wen diese geheimnisvolle maritime Welt lockt, der findet 25 km weiter, beim Örtchen Sambirenteng, die Tauchbasis **Alam Anda** (»Deine Natur«). Unmittelbar vor der wunderschön unter Palmen am Strand gelegenen Bungalowanlage erstreckt sich ein unter Naturschutz stehendes Riff, das zumindest hinsichtlich Flora und Fauna wesentlich interessanter ist als Tulamben und das sogar die Reviere von Lovina (vgl. S. 118) in den Schatten stellt. Das malerische Open-air-Restaurant, bietet sich für ein zweites Frühstück an.

Weiter geht es durch ödes Land; erst beim Dörfchen Kubu, wo Bewässerung in größerem Maßstab betrieben wird, sind kleine Oasen entstanden. Auf den folgenden 18 Kilometern bis zum Marktfleck Tianyar fährt man mal durch Wüste, mal durch Grün, und endlich hat *Indra* wieder ein Einsehen und ermöglicht durch das Senden erhöhter Niederschläge intensivere Landwirtschaft. Die Bevölkerungsdichte ist entsprechend höher, die Straße endlos von Häusern gesäumt. Der Blick aufs Meer macht sich rar, und während der nächsten halben Stunde gibt es außer dem Quellheiligtum Air Sanih bei Kilometer 70 kaum etwas zu sehen. So fährt man durch bis **Kubutambahan**. Direkt hinter dem Abzweig Richtung Kintamani liegt auf der Meerseite einer der berühmtesten nordbalinesischen Tempel, der **Pura Meduwe Karang**, dem Herrn der Felder geweiht.

Pura Meduwe Karang in Kumbutambahan ist dem Herrn der Felder geweiht

Meduwe Karang gilt als männliches Gegenstück zur Reisgöttin *Dewi Sri* und ist für alle anderen Ackerbauprodukte zuständig. Die vordere üppig bunte Außenmauer zieren steinerne Gestalten aus dem *Ramayana* (s.S. 92), überhaupt gilt der Tempel, der sich über drei Höfe erstreckt, als der figurenreichste Balis.

Auf den folgenden neun Kilometern bis nach Tamblang ist die sanft ansteigende Straße nahtlos bebaut. Angesichts der Heerscharen von Kindern, die vor den Hütten spielen, scheint es, daß die Huldigung der Fruchtbarkeitsgottheit weit mehr Erfolg als das Programm der Regierung zur Drosselung des Geburtenüberschusses hat.

»Dua Anak Cukup« – Zwei Kinder sind genug – verkünden zahlreiche Schilder hier wie überall auf Bali bzw. in Indonesien. Aber das damit propagierte Leitbild der Musterfamilie kollidiert mit den realen Bedürfnissen der Bevölkerungsmehrheit, weil nur Kinderreichtum die fehlende staatliche Altersversorgung ersetzen kann. Ungeachtet aller staatlichen Programme zur Familienplanung beträgt der Geburtenüberschuß jährlich rund 100 000, und die Bevölkerung verdoppelt sich alle zwei bis drei Jahrzehnte. Das kann das Eiland, auf dem sich bereits über 520 Menschen einen Quadratkilometer teilen müssen (in Deutschland sind es 250), beim besten Willen nicht mehr verkraften. Schon sind fast 60 Prozent aller Balinesen (und Indonesier schlechthin) jünger als 15 Jahre. Die Zeitbombe »Überbevölkerung« tickt immer lauter.

Den letzten Ausweg aus dem Dilemma sieht die Zentralregierung in Jakarta in dem Programm *transmigrasi,* der organisierten Umsiedlung von Menschen in dünner bevölkerte Gebiete. Bis zum Jahr 2000 sollen so über 60 Millionen Javaner und Balinesen auf die sogenannten Außeninseln Irian Jaya, Kalimantan und Sumatra (wo die Bevölkerungsdichte nur dreieinhalb bis 60 Einwohner pro Quadratkilometer beträgt) verfrachtet werden. Doch diese »Völkerwanderung« kostet umgerechnet rund 30 000 Mark pro Transmigrant. Darüber hinaus verlagert sie nur die Probleme, ohne sie zu lösen, und ignoriert obendrein die menschliche Komponente. Die Balinesen (und Javaner), ihrer insularen Wurzeln beraubt, verlieren innerhalb kürzester Zeit ihre Identität und kehren häufig schon nach wenigen Monaten in die angestammten Gebiete zurück. Aber dort finden sie auch keine Lebensgrundlage mehr vor, und so wandern sie weiter, diesmal in die Elendslager der Nation: die Großstädte. So ist beispielsweise die Einwohnerzahl von Denpasar von rund 50 000 im Jahre 1967 auf zur Zeit über 300 000 angestiegen und die von von Jakarta, der Hauptstadt Indonesiens, im gleichen Zeitraum von viereinhalb auf über zwölf Millionen. Im Jahre 2000 wird sie voraussichtlich mehr als 25 Millionen betragen.

Zunehmend steiler führt die Straße inseleinwärts; immer wieder möchte man während der rund 27 Kilometer langen Steigungsfahrt anhalten, um die grandiosen Ausblicke zurück aufs Tiefland, aufs Meer und in tief eingeschnittene Kerbtäler zu genießen. Mit zunehmender Höhe verändert sich die Vegetation, so wie es Alexander von Humboldt in seiner Pflanzengeographie begründete. Danach stellt die natürliche Vegetation in ihrer ursprünglichen Ausprägung stets das vollkommene Abbild der klimatischen Gegebenheit dar; also entspricht jeder Höhenzone auch eine ganz bestimmte, ihr eigene Vegetationsstufe.

Die Kokospalme nebst ihren Verwandten Sago-, Rotang- und Arecapalme, im Küstenbereich ständige Begleiter, sucht man ab 500 Meter Höhe bereits vergebens. Doch auch vom immergrünen Regenwald, der auf Bali eigentlich bis auf 1 300 Meter gedeiht, fehlt jede Spur. Das allerdings hat der Mensch verschuldet, der die Wälder gerodet und Kulturpflanzen angebaut hat, insbesondere Bananen und – oberhalb 800 Meter – Gewürznelken. Bei etwa 1 300 Metern über dem Meer bleiben auch die Nelkenpflanzungen zurück. Jetzt durchfährt man naturbelassene Regionen in der Zone des Gebirgsregenwaldes mit zahlreichen Eichenarten und bis über acht Meter hohen Baumfarnen, die an urzeitliche Wälder erinnern. Bei etwa 1 600 Metern wird die Grenze des Kondensationsniveaus überschritten, es kommt zu täglicher Nebelbildung. Die immerfeuchte und kühle Witterung läßt hier insbesondere Moose und Bartflechten gedeihen, die dem nun vorherrschenden Nebelwald sein charakteristisches Aussehen verleihen.

Nahe **Penulisan** endet plötzlich die stete Steigung, und ein Schild weist darauf hin, daß man am höchsten per Straße erreichbaren Punkt auf Bali angelangt ist. Vom Paßsattel reicht der Blick – so die Götter gnädig sind – hinab aufs Meer, das sich 1 650 Meter tief in silbrigem Dunst erstreckt. Aber auch bei schlechtem Wetter, wenn sich Nebelschwaden um krumm gewachsene Bäume winden, hat der Platz seine Reize. Jenseits des Passes lohnt es, dem Richtungspfeil »Sukawana« nach links zu folgen, wo eine 333 Stufen zählende Treppe zum 1745 Meter hohen und von Touristen selten besuchten Gipfel des **Gunung Penulisan** führt, auf dem der höchstgelegene Tempel der Insel, der **Pura Tegeh Koripan**, thront.

Waren Penulisan und der gleichnamige Berg schon Höhepunkte – nicht nur in geographischer Hinsicht –, so überwältigt auf den nächsten Fahrkilometern das

Landschaftsbild um den **Batur-Krater** durch braungoldene Sulfur- und schwarzgraue Magmafarben, einen lapislazuliblauen See und jadegrüne Steilhänge. Der Krater gilt mit seiner Ausdehnung von zehn mal 14 Kilometern als eine der größten Calderen (span.: *caldera* – »Kessel«) der Welt, entstanden durch den Kollaps eines einstigen Urvulkans, als vor Millionen von Jahren dessen Masseverlust infolge starker Magmaförderung so groß wurde, daß sich ein überdimensionaler Hohlraum gebildet hatte. Den tiefsten Absenkungsbereich dieser Einsturzcaldera füllt heute der acht mal drei Kilometer messende Batur-See aus. Im Zentrum des viele hundert Meter tief und meist senkrecht abfallenden Kessels baute sich im Laufe der Äonen ein neuer Vulkan auf: der 1 717 Meter hohe sechskraterige **Gunung Batur**. Die schwarz erstarrten Lavaströme an seiner Westflanke und auch die Wurzeln zeigen deutlich, daß die »Feuergötter« im Innern des zweitheiligsten Berges von Bali noch immer nicht zur Ruhe gekommen sind. 1917 und 1926 ereigneten sich die letzten großen Eruptionen.

Auf diesen Vulkan wird die morgige Wanderung führen, doch zunächst steht die Teilumrundung der Caldera entlang dem Grat ihres westlichen Randes bevor. Ständig verschiebt sich die Perspektive und liefert immer neue Bilder. Man sollte langsam fahren, um beim Schauen nicht vom Weg abzukommen.

Beherrschung ist auch in **Kintamani**, einem langgestreckten und leicht verwahrlost wirkenden Dorf erforderlich. Kaum hält man an, um den **Pura Ulun Danu** zu besichtigen, schon stürzen Horden von Postkarten- und Kitschverkäufern laut schreiend auf einen zu. In den *»buy, buy!«*- und *»money, money!«*-Rufen schwingt unverhohlene Aggressivität mit. Entweder lächelt man sich stur

Farbenprächtige Blüten findet man überall

aus der Affäre oder ersteht eine maßlos überteuerte Ware, falls man nicht die Beherrschung verliert. Wir entscheiden uns fürs Lächeln und haben bald schon Ruhe, sehen aber andere Besucher, die Geldscheine in die Menge werfen, und verstehen nun auch, warum die Kintamanis derart dreist sind. – Es lohnt sich ...

Ein paar Minuten später und nach Zahlung von 1 500 Rupiah für eine dubiose Versicherung (die abgeschlossen werden muß, wie man uns an einem Schlagbaum mitteilt) wird der Ort **Penelokan** erreicht. Hier gabelt sich die Straße, aber bevor man links der Beschilderung »Kedisan« steil in den Calderagrund hinab folgt, sollte man im **Lakeview** bei monumentaler Aussicht auf der Speiseterrasse zu Mittag essen und sein (möglichst am Tag zuvor reserviertes) Zimmer beziehen. Anschließend geht es hinab in den Kessel des Batur, um den Einstieg für die morgige Wanderung noch bei Tageslicht auszumachen (s. 4. Tag) und vielleicht auch ein Bad im angenehm erfrischenden See zu nehmen.

Den spektakulären Sonnenuntergang erlebt man am besten von der Terrasse des Lakeview. ■

4. Tag – Route: Penelokan – Gunung Batur – Toya Bungkah – Trunyan – Penelokan (28 km)

km	Zeit	Route
0	3.00 Uhr	Abfahrt vom Hotel
6		**Pura Jati**, Ausgangspunkt der Wanderung (vom Batur-See etwa 2 km)
	5.00 Uhr	**Kraterrand des Gunung Batur**, Aussichtspunkt für den Sonnenaufgang
	8.30 Uhr	Abstieg
12	10.30 Uhr	Zurück zur Unterkunft (spätes Frühstück)
20	12.00 Uhr	**Toya Bungkah**, Bootsfahrt nach
	12.30 Uhr	**Trunyan**, Dorf der Ureinwohner Balis, Trunyan-Friedhof und zurück nach Toya Bungkah
28	14.00 Uhr	**Penelokan**, Mittagessen im Lakeview

4. Tag – Informationen

Aufstieg zum Gunung Batur

Von den beiden Aufstiegsmöglichkeiten zum Kraterrand wählen wir den wesentlich kürzeren Weg, der bei Pura Jati beginnt. Mit Hilfe der ausführlichen Beschreibung – zumal der Weg breit und ausgetreten ist – kann man sich eigentlich nicht verlaufen. Ein Führer ist somit nicht unbedingt erforderlich, außer: man hat keine Taschenlampe, traut sich das Wandern im Lichtkegel der Taschenlampe nicht zu oder möchte vom Kraterrand aus noch weiter hinauf zum Kraterring (was alleine nicht ungefährlich ist). Führer findet man völlig problemlos, doch kosten sie, direkt vor Ort oder in den Unterkünften am See gemietet, rund 15 000 bis 30 000 Rupiah je Gruppe, in Penelokan werden auch mal 50 000 bis 100 000 Rupiah verlangt.

Der Aufbruch sollte möglichst nicht nach 3.15 Uhr nachts erfolgen, wenn man den Sonnenaufgang erleben will. Ausgangspunkt ist **Pura Jati**, etwa auf halbem Weg zwischen Penelokan und Toya Bungkah nahe dem Batur-See. Um den Einstieg nachts zu finden, muß man sich am Tag zuvor mit den Gegebenheiten vertraut machen: ab Penelokan der steil zum See hin abfallenden Straße folgen, im Calderagrund an der einzigen Kreuzung nach links, an der »Surya«-Bungalowanlage vorbei und noch etwa 2 km bis zu dem Punkt, wo in einer Rechtskurve links am Weg eine Holzhütte steht mit einem Schild *»Stop, start here for Batur«.* Rechts der Straße sieht man ein paar Ruinen, links neben der Hütte beginnt der Weg, in der Hütte gibt es Erfrischungen, und der Besitzer des Kiosks bietet sich auch als (englischsprachiger) Führer an. Der Aufstieg dauert rund 2 Std., der Abstieg etwa ebensolange. Folgendes ist mitzunehmen: eine Taschenlampe mit Reservebatterien und einer -birne, Trinkwasser, warme Kleidung, Proviant und – für Fotografen – ein Stativ; feste Turnschuhe, noch besser Wanderschuhe.

Toya Bungkah
Dieses Dorf, an der Verlängerung der Seeuferstraße über Pura Jati hinaus, rühmt sich einer heißen Quelle, aber die »Hot Springs« sind nicht ausgebaut, wer sich darin wärmen möchte, badet mitten im Dorf neben Waschfrauen. Der Ort ist eigentlich nur als Ausgangspunkt für eine Bootsfahrt auf dem Batur-See von Bedeutung. Motorboote finden sich am Anleger, die Preise je Boot schwanken zwischen 15 000 und 100 000 Rupiah. – Feilschen ist ein »Muß«.

Trunyan
Neben Tenganan (s. S. 46) ist dieses nur per Boot erreichbare Dorf, das zweite und letzte Gemeinwesen der Ureinwohner Balis, das auf dieser Rundreise besucht wird. Die Bootsfahrt dauert rund 30 Minuten; im Preis inkl. sind das Anlegen beim Dorf und beim nur wenige hundert Meter entfernten Friedhof. Aber die Bewohner Trunyans sind recht unfreundlich, es gibt nicht viel zu sehen bzw. das, was man sieht (auf dem Friedhof z. B. pietätlos drapierte Gebeine von Verstorbenen), ist nicht unbedingt eine Reise wert. Die Bootsfahrt selbst aber lohnt sich wegen der herrlichen Ausblicke über den See, auf den Batur und das vom Vulkanismus geprägte Umland.

Fischer im Batur-See vor dem Gunung Batur

4 Im Reich des Gunung Batur
Aufstieg zum Krater und Bootsfahrt auf dem Vulkansee

Leicht fällt es nicht, gegen drei Uhr früh das Bett zu verlassen, aber wer das Erlebnis eines Sonnenaufgangs über Bali aus der Vogelperspektive vom Batur-Krater aus genießen will, der muß sich jetzt aufraffen. Also, warme Kleidung anziehen und dann los zum Ausgangspunkt der Wanderung bei **Pura Jati**. Die Spur links neben der Holzhütte ist breit und ausgetreten, im Licht der Taschenlampe nicht zu verfehlen, und trotz ihres nachgiebigen Schlackebelages kommt man gut voran. Nach etwa 45 Minuten wird der Verschlag eines (erst ab sieben Uhr geöffneten) Kiosks passiert, und weiter zieht sich der Pfad in Richtung auf die Flanke des Gunung Batur, der als schwarzer Schatten in der Nacht aufragt.

Auch während der nächsten Viertelstunde bleibt der Weg eben, breit und problemlos zu begehen, auch wenn er sich – insgesamt zwei Mal – über niedrige Lavahügel hinaufzieht. Zur Linken beleuchtet die Taschenlampe nun die Furche eines ausgewaschenen Creeks; von jetzt an und bis ans Ziel der Wanderung geht es bergauf. Die anfänglich noch mäßige Steigung wird bald schon mächtig; in manchen Abschnitten hat es den Anschein, als würde der zum Glück gut ausgetretene und nicht zu verlierende Serpentinen- und Treppenpfad an einer fast senkrechten Wand hinaufführen. Aber das täuscht, die Hangneigung überschreitet an keiner

Stelle die 60-Grad-Marke. Trotz der kühlen Temperatur von rund 18 Grad Celsius fließt der Schweiß in Strömen. Rund 45 Minuten lang müht man sich so nach oben und plötzlich, ganz ohne Übergang, steht man in 1 500 Meter Höhe in einem Sattel, der sich zum kreisrunden und vom eigentlichen Gipfel kesselförmig umschnürten Kraterbett hin öffnet. Das Ziel der Wanderung ist erreicht, jetzt sollte man sich eine Verschnaufpause in der Bambushütte direkt am Wegesrand gönnen.

Wer will, kann noch 200 weitere Höhenmeter hinzufügen, wenn er den Kraterring erklimmt und auch umrundet. Der Pfad dort hinauf beginnt links neben dem Shelter, aber er ist schmal und steigt auf

Am Kraterrand des Gunung Batur, im Hintergrund die Lombok Strait

einem rutschigen Kamm steil in die Höhe. Mehrere Grate müssen überquert werden – ganz und gar nichts für ängstliche und nicht schwindelfreie Naturen –, bevor man jene 1 717 Meter hohe Spitze erreicht, die den Gipfel markiert und von einem kleinen Bambus-Unterstand gekrönt wird. Das Panorama von dort oben ist noch weitaus grandioser als das, was sich uns bald bieten wird, aber es ist nicht gefahrlos, hinaufzusteigen. Wer das Risiko eingehen will, der sollte erst einmal den Sonnenaufgang abwarten und sich dann, bei Licht, an die noch etwa eine Stunde in Anspruch nehmende Kletterei begeben. Von der Spitze aus führt die Verlängerung des Weges über Schlackefelder wieder an den Ausgangspunkt zurück.

Jetzt ist es fast fünf Uhr, und schon dringt ein zarter Lichtstreifen in die Nachtschatten am Himmel – höchste Zeit, zum östlichen Sattelrand hinüberzuwechseln, den man auf einem über spitzes Lavagestein führenden Pfad innerhalb weniger Minuten erreicht. In der kleinen Hütte am Ostrand des Kraters sollte man den heraufsteigenden Tag erwarten. Tief unten, schon schemenhaft zu erkennen, schimmert der Batur-See, gegenüber erhebt sich der Gunung Agung, hinter dem man das Meer erblickt, aus dem am Horizont der Gunung Rinjani, das 3 726 Meter hohe Wahrzeichen der Nachbarinsel Lombok, heraussteigt.

Und dann ist es soweit! Erst mischt sich ein Hauch von Rosa und Violett ins Sternenlicht; dann erscheint ein Fächer aus pastellenem Gelb, das von Augenblick zu Augenblick an Farbkraft gewinnt, bis schließlich die Sonne aus dem Ozean auftaucht.

Bald treiben Dunstschwaden aus der noch nachtschwarzen Caldera herauf. Wenig später lichten sich die Nebel, und nach und nach erblickt man den Grund, aus dem man kam: ein Meer von grau erstarrter Lava, das sich bis an die Ufer des achatfarbenen Danu Batur erstreckt und nur vereinzelt grüne Oasenflecken umspült. Dann verliert das Licht an Farbkraft, und wir machen uns auf, das Innere des Kraterkessels zu erkunden.

Der Weg dorthin beginnt genau da, wo man nach dem Aufstieg den Sattel erreicht hatte, und er führt von der Schutzhütte aus in den eigentlichen Schlund, an dessen Rändern sich die Äonen in den Schichten und Farben ihrer verschiedenen Magmaflüsse zeigen. Aus klaffenden Löchern und Erdspalten, mitunter von dicken Schichten kristallisierten Schwefels gerahmt, dringen lautes Pfeifen und Zischen und Schwaden von weißem Dampf heraus. Das sind sichtbare Zeichen dafür, daß der Boden, auf dem man steht, noch nicht zur Ruhe gekommen ist und tief in der Erde einsickerndes Wasser Kontakt mit geschmolzener Lava haben muß, so daß es zu kochen und zu verdampfen beginnt.

Gegen neun Uhr, wenn die Farben endgültig verblassen, aber die Temperaturen noch angenehm sind, ist es Zeit, sich wieder an den Abstieg zu machen. Oft sitzt man mehr auf dem Hosenboden, als daß man läuft, und alles in allem ist das Hinab viel mühsamer als das Hinauf; fast zwei Stunden muß man schon ansetzen, bis Pura Jati wieder erreicht wird.

Nach den ungewohnten Anstrengungen braucht man eine Dusche und ein Frühstück, aber viel wird man heute wohl nicht mehr unternehmen wollen. Die prospektgepriesene Bootsfahrt nach Trunyan, einem *Bali-Aga*-Dorf (s. S. 46) auf der anderen Seeseite, scheint genau das richtige zu sein. In Toya Bungkah, zwei Kilometer hinter Pura Jati am Batur-See, warten zahlreiche Motorboote auf Kundschaft. Während der etwa 20minütigen Passage quer über den bis zu 90

Meter tiefen und hier rund drei Kilometer breiten See genießt man – wieder einmal – phantastische Ausblicke auf den Gunung Batur und das von vulkanischen Kräften geprägte Umland.

Am Anlegesteg von **Trunyan**, einer kleinen Siedlung, die sich auf einem schmalen Landstreifen zwischen dem Seeufer und der senkrecht aufragenden Kraterwand erstreckt, werden die Touristen von lärmenden und Geld fordernden Kindern empfangen. Ob man zahlt oder nicht, die »Bittsteller« werden einen begleiten und zum Haupttempel des Ortes führen.

Im **Pura Puser Jagat**, dem Tempel »Nabel der Welt«, befindet sich die vier Meter hohe Statue des *Dewa Ratu Gede Pancering Jagat,* der obersten Gottheit der Bewohner von Trunyan. Aber die Statue, ein Relikt der megalithischen Epoche Balis, ist nicht für fremde Augen bestimmt. Nur an den Jahresfesten der Gottheit ist sie zu sehen, wenn sie gewaschen, geschmückt und mit Honigwasser gesalbt wird. Überhaupt hat man das Gefühl, hier wie im ganzen Dorf nicht erwünscht zu sein. Eine Wand aus Mißtrauen und Abneigung umgibt uns, selbst die Kinder sind eher aggressiv als wohlmeinend, und all das sind deutliche Zeichen, daß diese *Bali Aga* mit Ausländern (worunter auch die anderen Balinesen fallen) nichts zu tun haben wollen.

Schnell legt man wieder ab und ein paar hundert Meter weiter am Friedhof des Dorfes erneut an, denn auch der wird vermarktet. Mit gemischten Gefühlen betreten wir den Ort, über dem weit mehr Fliegen brummen als üblich. Der Grund wird bald schon klar, denn am Wegesrand sind die mehr oder weniger bleichen, mit mehr oder weniger vielen Resten ihrer einstigen körperlichen Hülle behafteten Skelette der verstorbenen Trunyaner als Attraktion präsentiert. Dabei kann man noch von Glück sagen, sieht

Die Bali Aga von Trunyan setzen ihre Toten nach altmalaiischem Brauch an einer heiligen Stelle des Batur-Sees aus

man sich hier nicht Schlimmerem gegenüber, denn die Trunyaner betten ihre Toten nicht in die Erde wie etwa die Tengananer, überlassen sie auch nicht dem Feuer, wie bei den Balinesen üblich, sondern bahren sie offen auf und lassen die Tiere, insbesondere Vögel, den Transport des Verstorbenen in eine andere Welt übernehmen. Auch dies verdeutlicht, daß die Kultur der Trunyaner in uralten Traditionen wurzelt, denn solche Beisetzungssitten gehören zum altmalaiischen Brauchtum, das fast überall sonst in Südostasien schon vor rund 2000 Jahren aufgegeben wurde.

Wer auf diesen Ausflug lieber verzichten möchte, kann ab Toya Bungkah nur zu einer Seerundfahrt starten, vielleicht auch ein Bad in den »Hot Springs«, den heißen Quellen nahe am Ufer im Ortskern, nehmen. Zum Lunch sollte man hinauf ins Lakeview-Restaurant (s. Infos 3. Tag) am Kraterrand fahren und später von dort aus einen kleinen Abstecher in Richtung Gunung Abang unternehmen (Richtung Bangli, dann die erste Straße links). Unterwegs findet man idyllische Logenplätze, von denen sich das Landschaftsbild Batur ungestört betrachten läßt. ■

5. Tag – Route: Penelokan – Bangli – Tampaksiring – Ubud (63 km)

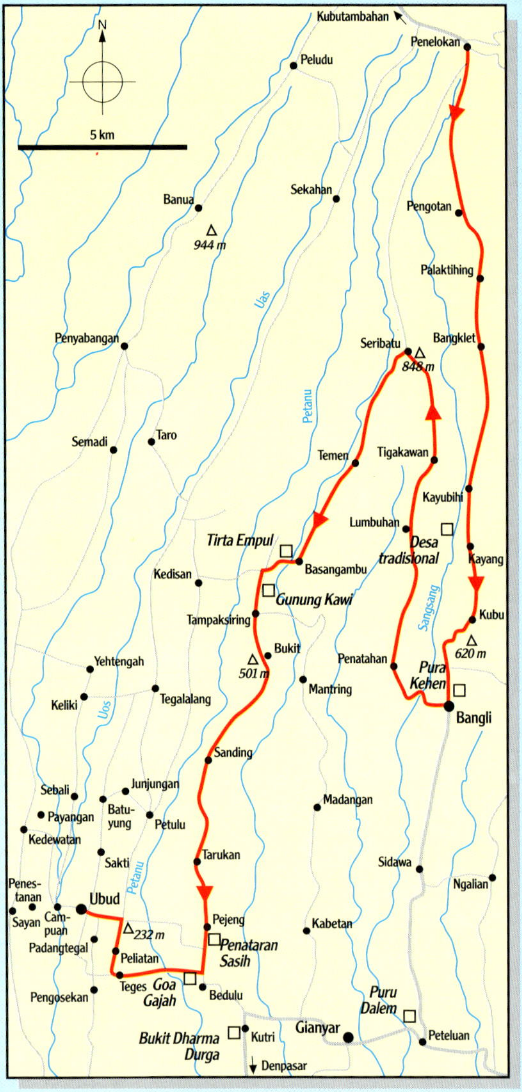

Mit öffentlichen Verkehrsmitteln: Per Bemo von Penelokan nach Bangli, umsteigen nach Seribatu, ab dort Anschluß nach Tampaksiring und weiter nach Pejeng; zu Fuß zur Goa Gajah, weiter mit dem Bemo bis Ubud, zu Fuß zur Unterkunft.

5. Tag – Route: Penelokan – Bangli – Tampaksiring – Ubud (63 km)

km	Zeit	Route
0	8.00 Uhr	Abfahrt von Penelokan
16		**Desa tradisional**
21		Bangli, Besichtigung des **Pura Kehen**; anschließend vom Parkplatz aus weiter auf der Einbahnstraße zurück zur Hauptstraße, dort links, im Kreisverkehr rechts Richtung Seribatu. Dort links nach
43	11.00 Uhr	**Tirta Empul**, Quellheiligtum und Wallfahrtsziel; Lunchpause. Auf der Weiterfahrt an der Kreuzung zunächst Richtung Denpasar; in Tampaksiring dann, nach wenigen hundert Metern erreicht, links nach
46	12.30 Uhr	**Gunung Kawi**, einer megalithischen Gedenkstätte
56		**Pura Penataran Sasih** in Pejeng mit dem berühmten »**Mond von Bali**« (Bronzegong)
58		**Goa Gajah**, »Elefantengrotte«
63	15.00 Uhr	**Ubud**, Balis Kulturmetropole
	19.30 Uhr	Besuch einer Tanzvorführung

5. Tag – Informationen

Desa tradisional
Rechts der Durchgangsstraße Penelokan – Bangli
Zum »Traditionsdorf« ernannte Siedlung, die aber dennoch kein Freilichtmuseum darstellt, sondern einzig ein ganz normales, freilich wunderschönes Dorf.

Pura Kehen
Am nördlichen Ortsrand von Bangli
Der – ganz persönlich beurteilt – vielleicht schönste und auch schönstgelegene Tempel der Insel, einer der heiligsten obendrein und Standort des wohl größten und sehenswertesten Banyan-Baumes von Bali. Ein »Muß« – auch für Tempelmuffel.

Straßeneinkauf
Durchgangsstraße Seribatu – Tampaksiring
Kilometerlang ist die Straße gesäumt von Souvenirgeschäften, in denen alles angeboten wird, was Bali an Kitsch, Kunst und Kunsthandwerk zu bieten hat. Die Auswahl ist immens, die Preise sind nicht höher als überall – also sehr moderat –, und es macht mehr Spaß, hier mit denkbar großem Überblick einzukaufen als in Ubud oder den anderen Touristenzentren.

Tirta Empul
Rechts der Straße Seribatu – Tampaksiring

Quellheiligtum aus den Anfängen des Bali-Hinduismus. Nach der Legende vom Gott Indra selbst geschaffen und heute eines der bedeutendsten Wallfahrtsziele Gläubiger, die sich im »Elixier der Unsterblichkeit« baden, dem u. a. auch magische Heilwirkung nachgesagt wird. An der Peripherie ein Rummelplatz aus Souvenirgeschäften, aber im Zentrum ein Ort der Ruhe und Schönheit. Oberhalb angrenzend der Sommerpalast von Sukarno, dem ersten Präsidenten der Republik (nur von außen zu besichtigen).

Lunchpause
Am linken Rand der Einkaufsmeile vor Tirta Empul, die man nach Besichtigung des Heiligtums unmöglich umgehen kann, reihen sich die Restaurants aneinander. Alle sind schlicht eingerichtet, bieten Typisches aus indonesischer Küche zu günstigen Preisen.

Wer einmal das Besondere kosten will, sollte eines derjenigen Restaurants aufsuchen, die als *Rumah Makan Padang* ausgewiesen sind: Wenn man Platz genommen hat, tischt der Kellner viele kleine Schalen mit unnachahmlich würzigen Curries der Minangkabau-Küche Sumatras auf, die den Holländern als Vorlage für ihre berühmte »Reistafel« diente. Traditionell wird mit den Fingern der rechten (!) Hand ohne Zuhilfenahme von Besteck gegessen (die linke gilt den Muslimen als unrein), aber Touristen erhalten auch Löffel und Gabel. Als Getränk empfiehlt sich Wasser, das am besten geeignet ist, die Gerichte zu entschärfen. Bezahlen muß man nur, wovon man auch gekostet hat.

Gunung Kawi
Links der Durchgangsstraße in Tampaksiring
Eine tief eingeschnittene Schlucht von märchenhafter Schönheit bildet die Kulisse für neun megalithische Gedenkstätten, die ebenfalls aus den Anfängen des Bali-Hinduismus (11. Jh.) stammen, erst 1920 wiederentdeckt wurden und im sogenannten Candi-Stil der Nachbarinsel Java errichtet sind.

Tampaksiring
Der Ort, den wir durchfahren, ist berühmt für seine Schnitzarbeiten aus Büffelhorn und -knochen sowie aus Elfenbein, aber von letzterem sollte man die Finger lassen, denn Elfenbein-Einfuhr nach Europa ist Gott sei Dank in jeder Form verboten. Geschäfte finden sich zuhauf entlang der Durchgangsstraße sowie in den Stichstraßen.

Der »Mond von Bali«
Pura Penataran Sasih
Pejeng
Hinter dem malerischen Namen verbirgt sich der größte erhaltene prähistorische Bronzegong der Welt (3. Jh. v. Chr., rund 1,60 m Durchmesser), der aber leider so unglücklich präsentiert ist, daß man nur einen winzigen Ausschnitt und seine prachtvolle Zier (stilisierte Menschenköpfe) gar nicht zu sehen bekommt. Die Besichtigung scheint eine touristische Pflichtübung, ist aber nur für erklärte Bildungsbürger zwingend.

Goa Gajah
Links der Durchgangsstraße Pejeng – Ubud
Noch ein Kulturdenkmal der altbalinesischen Epoche, manchen Kennern das bedeutendste und entsprechend stark frequentiert. Es handelt sich um eine von Menschenhand geschaffene kleine Grotte, deren Torwächter, ein Dämon, zweifellos zu den meistfotografierten Objekten Balis gehört. Innen umfängt Enge, ziemliche Dunkelheit und Gedränge und zu sehen – gerade so – sind ein Phallussymbol sowie eine Skulptur von Ganesha, dem Elefantengott, dem die Grotte auch ihren Namen verdankt: »Elefantengrotte«.

Pori Suling
Direkt unterhalb des Parkplatzes von

Goa Gajah links am Weg
Überaus idyllisch unter Palmen an einem Reisterrassenhang gelegenes Restaurant mit offener Panoramafront, ansprechendem Dekor, eleganter Aufmachung, romantischem Gepräge und dabei guten, preislich erstaunlich günstigen indonesischen Gerichten. Eine Alternative für alle, denen die »Eßhäuser« von Tirta Empul zu schlicht bzw. die dort servierten Speisen zu scharf sind.

Ubud:

Ubud, der Bali-Touristen jedweder Couleur allerliebstes Inlandsziel, wartet mit nicht weniger als 150 Herbergen (und mindestens doppelt so vielen Restaurants) auf. Quartier zu bekommen ist somit nie ein Problem, aber während der Saison (Juni–Aug. und Dez./Jan.) sollte man 1–2 Tage vor Anreise eine telefonische Reservierung vornehmen; außerhalb dieser Monate lohnt es stets, nach einem Discount zu fragen.

Amandari
Kedewatan
✆ 79 53 33, Fax 79 53 35
Eines der Aman Resorts von Adrian Zecha, 1989 auf einer Terrasse inmitten von Reisfeldern über der Schlucht des Ayung gebaut. Ein Hotel der Spitzenklasse mit 27 außerordentlich geräumigen und edelst eingerichteten Bungalows im Stil eines balinesischen Dorfes. Sechs der Bungalows verfügen über einen eigenen Swimmingpool. Zur weitläufigen, ruhigen Anlage gehören ein fürstlich eingerichtetes Restaurant (mit ebenso fürstlichen Preisen) ein Salzwasserpool und Tennisplätze. 300–800 DM pro Nacht.

Padma Indah Cottages
Jl. Penestanan, Campuan
✆ und Fax 97 57 19
Hier möchte man nicht Urlaub machen, sondern wohnen: Die ruhige »Schöner Lotos«-Anlage ist ein Traum aus innen wie außen ganz der Bali-Tradition nachempfundenen Bungalows, die eine gepflegte Parkanlage schmücken. Die Zimmer blicken auf Reisfelder, Blumenrabatten oder einen Swimmingpool, im luftigen Restaurant wird das Beste aus in- und ausländischen Küchen geboten, und die Bar ist reich bestückt. Auch mehrräumige Familienhäuser werden vermietet. $$$$

Hotel Tjampuhan (auch Campuan)
Campuan
✆ 97 53 68
Der Speiseraum ist hallenhoch und edel eingerichtet, der Blick hinaus in eine tief eingeschnittene Schlucht fasziniert, und Gamelan-Klänge bieten die passende musikalische Untermalung. Dann läßt man sich die Bungalows zeigen, die auf Terrassen über der dschungeligen Kluft liegen, findet die günstigen als leicht verwahrlost, die besseren als tiptop und greift gerne ein wenig tiefer in die Tasche. Höchst romantisch kann man hier wohnen, wie einst auch der Maler Walter Spies (s. S. 88), der sich weiter unten am Hang gar einen Swimmingpool ins Tropenidyll setzen ließ, den es heute noch gibt. Nebenan sind Badminton- und Tennisplätze entstanden. $$$$–$$$$$

Sri Ratih Cottages
Jl. Penestanan, Campuan
✆ 97 56 38
Inmitten eines ummauerten Gartens am Reisfeldrand gelegene Anlage mit attraktiven Steinhäusern. Die ebenerdigen Zimmer sind schlicht, aber ansprechend eingerichtet, die in den zweiten Etagen bieten riesige überdachte Veranden mit Ruhe- und Sitzmöbeln und werden von monumentalen balinesischen Himmelbetten dominiert. Alle Zimmer sind mit Bad/WC ausgestattet, das heiße Wasser rinnt spärlich, aber wer braucht das eigentlich bei den Temperaturen? $$–$$$

5. Tag – Informationen

Monkey Forest Road

Dies ist nicht die Bezeichnung einer Unterkunft, sondern der Name einer Straße, die im Zentrum hinter dem Markt abzweigt, zum sogenannten Affenwald führt und von über 30 Herbergen der verschiedensten Kategorien gesäumt wird. Auch wer nicht reserviert hat, wird hier stets etwas nach seinem Geschmack und Geldbeutel finden. In der Preisklasse $$$ empfehlen sich u. a. **Ubud Inn Cottages** und **Ubud Village** (beide mit Swimmingpool), die $$-Kategorie wird z. B. von **Bendi House** und **Puri Mawa** repräsentiert, und **Wahyu** sowie **Alit's House** stehen für die $-Klasse, die, wie auch die nächsthöhere, üblicherweise von Globetrottern frequentiert wird.

Siti's Garden Restaurant

Jl. Kajeng 3
✆ 97 56 99
Gehört zur gleichnamigen Bungalowanlage des Malers Han Snel, dessen Werke man in der Galerie bewundern und auch kaufen kann.

Ob nun Ente, in Bambusblättern gegart, Reistafel, Räucherrippchen, Kokosnußcurries oder Steaks und vieles andere mehr: es schmeckt vorzüglich, auch das Auge ißt mit, das Ambiente gefällt; relativ teuer.

Bridge Café

Jl. Raya Ubud, Campuan
Gut aufgemacht, schön gelegen, wechselnde Karte mit wechselndem Touch; etwas teurer als üblich.

Murni's

Jl. Raya Ubud, Campuan
Der Renner der Rucksackler-Szene, recht einfach eingerichtet, aber geschmacklich sehr gute Gerichte der indonesischen und indischen Küche; köstliche Joghurts.

Pasar Malam

Jl. Raya Ubud
Direkt im Zentrum beim Markt gelegener Nachtmarkt, auf dem etwa ab 17.30 Uhr unzählige kleine Eßstände ihre Planen heben. Die Vielfalt der gebotenen Speisen ist umwerfend, die Preise sind nicht der Rede wert. Als Tischnachbarn hat man meist Balinesen, aber man sitzt nicht gemütlich (nämlich auf langen Bänken), und wer pingelig ist in Sachen Hygiene, kann schon mal Ausschlag bekommen. Dennoch einen Versuch wert – finden wir.

Bina Wisata

Jl. Raya Ubud, gegenüber Puri Saraswati
Mo–Sa 8.30–19.30 Uhr, So geschl.
Privates Touristenbüro mit Informationen insbesondere zu kulturellen Veranstaltungen in und um Ubud. Hier auch Ticket-Verkauf für die meisten Tanzveranstaltungen.

Tanzveranstaltungen

Die schönsten kommerziellen Tanzdarbietungen vielleicht von ganz Bali sieht man im benachbarten Dorf Peliatan (jeden Fr um 19.30 Uhr Legong-Tanz im Puri Agung), das die erste Bali-Tanzgruppe hervorbrachte, die weltweit Beachtung fand. Sie trat in den 50er Jahren in Paris, London und New York auf und spielte neben Bing Crosby, Bob Hope und Dorothy Lamour in »The road to Bali« mit.

Aber auch in Ubud selbst kommt man durchaus und tägl. auf seine Kosten, das künstlerische Niveau ist hoch, obwohl die Vorführungen vollkommen kommerzialisiert sind. Informationen gibt das o. g. Bina Wisata, aber auch in allen Unterkünften kann man erschöpfende Auskunft erhalten, meist auch die Tickets im Vorverkauf erstehen und (bei außerhalb gelegenen Veranstaltungsplätzen) auch gleich einen Minibustransfer für hin und zurück mitbuchen.

Eintauchen ins Land
Auf der »Straße der Heiligtümer« nach Ubud

Wenn sich Riesenkrater, See und Vulkan im schönsten Licht zeigen, gibt es wohl niemanden, dem der Abschied von Penelokan leicht fällt. Doch schon bald erfreuen wieder neue Eindrücke: Auch die Straße nach Bangli präsentiert sich als Traumstraße, aber hier beeindrucken nicht grandiose Panoramen, sondern idyllisch ins Grün der sanften Hänge hineingestreute gepflegte Dörfer.

Kilometer um Kilometer geht es so bis kurz vor Bangli, wo ein großes Schild mit der Aufschrift **Desa tradisional** nach rechts weist. Am Ende der rund 500 Meter langen Stichstraße trifft man auf die schon von ihrer Anlage her schönste Siedlung, die man bislang auf Bali gesehen hat. Und auch auf der Dorfstraße, der wir zu Fuß nach rechts folgen, werden die Erwartungen erfüllt, ja überflügelt. Die entgegenkommenden Menschen lächeln, sind freundlich und natürlich, obwohl sie Tag für Tag und Jahr für Jahr von neugierigen Fremden mit Blicken auf ihre Authentizität hin überprüft werden. Den breiten gepflasterten Weg säumen

Desa tradisional – ein typisches Balidorf nahe Bangli

Verbrennungsschrein in Form eines schwarzen Stiers

sorgsam gezogene Gräben und gepflegte Blumenrabatten, hinter denen bemooste Mauern aufragen, die die einzelnen Familiengehöfte voneinander trennen. Und zwar nicht, um vor neugierigen Blicken oder gar vor Dieben zu schützen, sondern um die *butas,* die Quälgeister, fernzuhalten. Deshalb werden auch abends auf allen Wegen vor den Toreingängen Reis und Blütenblätter als kleine Opfergaben abgelegt, weil die *butas* einem das Leben zur Hölle machen und böse Träume bescheren können.

Hinter jeder Pforte und um einen Innenhof gruppiert, finden sich die Schlaf- und Wohnhäuser, und zwar so viele, wie verheiratete Paare innerhalb des *kampong* leben. Auch ein Haus für Gäste, ein anderes zum Kochen, Hütten für die Kinder und Schreine für die vergöttlichten Ahnen sind vorhanden. Analog dem nach balinesischem Verständnis in drei Sphären aufgeteilten Makrokosmos ist auch jedes Gehöft konzipiert. Jedem Bau kommt ein ganz bestimmter Platz zu, nichts bleibt dem Zufall überlassen, selbst die architektonischen Abmessungen der Anlage richten sich nach strengen Regeln, denen bestimmte Körpermaße des Familienoberhauptes zugrunde liegen.

Auch das Dorf selbst ist in seiner Anlage auf das kosmische System ausgerichtet: Die Hauptstraße erstreckt sich zwischen den Kardinalpunkten Berg und Meer, an ihrem unteren Ende liegt der Totentempel, am oberen der Ursprungstempel. Dazwischen aber, im Zentrum, und darauf läuft man nun zu, finden sich der Dorftempel und der Musikpavillon, die Signaltrommel, die Arena für den Hahnenkampf mit dem Markt und – überaus wichtig – die Versammlungshalle des *banjar.*

Im Banjar, einer Kooperative – gewissermaßen dem »Exekutivrat« des Dorfes –, ist normalerweise jeder verheiratete Mann Mitglied. Dem *banjar* obliegt die Regelung aller wichtigen Dorfangelegenheiten mit Ausnahme von denen, die mit Reis zusammenhängen. Auch Ehen werden von ihm verbunden und geschieden, über Straftaten wird gerichtet, und zwar nach dem äußerst differenzierten, aber nicht kodifizierten Gewohnheitsrecht des *adat,* das man, regional wie auch lokal modifiziert, in jeder ethnischen Gruppe Indonesiens antrifft. Seit Jahrtausenden steuert es das tägliche wie auch das nicht alltägliche Leben im ganzen Archipel, wohin es die ersten Einwanderungsgruppen, die altmalaiischen Völker, von ihrem Stammland Südchina trugen. Frei übersetzt kann es als »Brauchtum« oder »Sitte« wiedergegeben werden. Doch es ist mehr, es sorgt dafür, daß alle Mitglieder den Charakter erwerben, der sie aus Überzeugung so handeln läßt, wie sie als

Mitglied der Gesellschaft handeln müssen, damit diese optimal funktioniert. Und es definiert sogar, wie die Gesellschaft beschaffen sein muß, damit der einzelne in Harmonie mit ihr, mit sich, der Natur und auch der nichtstofflichen Welt lebt. Zwar kollidiert das Adat in weltlichen Angelegenheiten mitunter mit den Staatsgesetzen (insbesondere dann, wenn es bei Verbrechen zur Anwendung kommt), aber noch immer geschieht es in traditionellen Gemeinschaften häufig, daß Adat-Recht Staatsrecht bricht, auch wenn dies von offizieller Seite als ein eklatanter Verstoß gegen die staatliche Autorität angesehen wird.

So ist jedes Dorf ein kleiner Staat im Staat, geführt vom Adat und getragen vom Kollektiv, in dem der soziale Status des einzelnen nicht von seinem Besitz abhängig ist, sondern von seinem Einsatz zum Wohle aller. Diese Art der Freiheit in Verbindung mit dem von Europäern schwer nachvollziehbaren Altruismus hat die Balinesen nachhaltig geprägt und trug mehr als alles andere dazu bei, daß Generationen von ausländischen Besuchern die Insel mit dem Paradies identifiziert haben.

Auf der Weiterfahrt biegt man hinter dem Ortsschild von **Bangli** – ehemals Metropole eines Königreiches, heute bescheidene Kleinstadt – zum **Pura Kehen** ab. Blumenkinder weisen einen Parkplatz an und verleihen auch die obligatorischen Schärpen. Zusammen mit vielen Gläubigen – der Tempel ist einer der heiligsten der Insel – geht es über eine steile Treppe zum mächtigen *candi bentar,* dem gespaltenen Tor, hinauf, das von furchterregenden Wächterfiguren flankiert wird. Überall im dreiteiligen Komplex sind Balinesen dabei, den Göttern Blumen und Früchte zu opfern. Ganz hinten ragt ein elfstöckiger *meru* (Götterschrein) ins Grün der von Urwald üppig umwu-

cherten Anlage, die von ihrer Gesamtwirkung her viel mehr beeindruckt als der Muttertempel Besakih.

Die faszinierendste Sehenswürdigkeit aber ist nicht von Menschenhand geschaffen, sondern, wie es heißt, von den Göttern selbst. Es ist der größte und monumentalste, schönste und erhabenste Baum, den man sich vorstellen kann. Den »Stamm« von etwa 15 Metern Durchmesser bilden Tausende von Luftwurzeln, er ragt vielleicht 50 Meter in die Höhe und bildet dort eine Krone, die den gesamten Mittelhof des Tempels überschattet. Unsere größten Eichen würden gegen diesen Koloß wie Ableger erscheinen, und jetzt wird einem klar, warum der Banyan als »Apotheose des Lebens« angesehen wird, warum man auch ihm Opfergaben bringt. Überwältigt setzt man sich, staunt in das Dickicht mannsdicker Äste, die wiederum unzähligen anderen

Von Moos überwucherte Tempelfigur

Pflanzenarten als Nährboden dienen, und sieht erst jetzt, daß in luftiger Höhe ein Baumhaus thront, vor dem die mächtigen hölzernen *Kul-kul*-Trommeln baumeln, die geschlagen werden, um die Gläubigen zu versammeln.

Weiter geht es durch Palmenhaine und Reisterrassen, vereinzelt schaut der Kegel des Agung durchs Grün. In **Labuhan**, nach rund neun Kilometern, ragt linker Hand und unübersehbar ein weiteres riesiges Banyan-Exemplar auf.

Sanft und kaum frequentiert steigt die Nebenstraße ins Inselinnere an. Ab **Seribatu** (hier links ab) fährt man auf der Hauptstraße des Tourismus – die Anwohner haben daraus ein einträgliches Geschäft gemacht: Sie verkaufen Batiken, riesige Patchwork- und feine Spitzendecken, Holzmasken. Bildschöne Mobiles aus bunt bemalten Holzpapageien und -fischen schwingen im Luftzug, silberne Auslagen glitzern im Sonnenlicht.

Dann weist ein Schild nach rechts zum **Tirta Empul**. Vom Parkplatz aus geht es zu Fuß weiter zu einem der bedeutendsten Wallfahrtsziele der Balinesen, das aber viel von seiner Atmosphäre verloren hat, seit Geschäftemacher die Erlaubnis erhielten, ihre Läden an den Rand des Quellheiligtums zu setzen, das einst der Gott *Indra* selbst geschaffen haben soll. Am Anfang der Zeit, so glauben die Balinesen, wurden die Götter von einem Dämonen angegriffen und im Kampf zu einer von ihm vergifteten Quelle getrieben. Sie tranken davon und starben. Nur *Indra* nicht, der aus der alten eine neue Quelle schuf, deren Naß die Götter wieder zum Leben erweckte. Schon vor über 1 000 Jahren wurde die Quelle ummauert und so zum Quellsee gemacht.

Noch heute versprechen sich die Gläubigen magische Heilwirkung von einem Bad im kühlen Wasser, das zwar H_2O zu sein scheint, doch in Wirklichkeit *amreta,* Elixier der Unsterblichkeit, sein soll. Der äußerst gepflegte innere Komplex mit vielen blühenden Blumen steht im Kontrast zu dem klotzigen, aus Glas und Beton im Jahre 1954 errichteten Sommerpalast des einstigen Präsidenten Sukarno oberhalb auf einem Hügel.

Der Rückweg führt wieder durch Geschäftsstraßen; zahlreiche *Rumah Makan Padang* laden im linken Teil des Ladenkomplexes zu einem exotischen Mittagessen ein. Restaurants wie diese gibt es in ganz Indonesien, sie werden auch *Rumah Makan Islam* genannt, weil ihre Küche bei den islamischen Minangkabau auf Sumatra beheimatet ist. Sie diente den Holländern als Vorlage für ihre Erfindung der *Rijsttafel* (Reistafel). Kaum hat man sich in einem der schlichten Lokale niedergesetzt, serviert ein Kellner neben Reis mehr als ein Dutzend Schälchen mit

Gott Indra soll einst das Quellheiligtum Tirta Empul geschaffen haben

aromatisch duftenden Curries. Hauptbestandteile der Gerichte sind – neben den Grundlagen Gemüse, Fleisch und Ei – die Gewürzpasten, die meist mit Kokosnußmilch angedickt werden und allem ihren ganz charakteristischen Geschmack verleihen. Man sollte von jedem ein wenig und nicht zuviel auf einmal probieren, denn Chili, jene kleinen roten Gaumenterroristen, sind in mancher Sauce enthalten. Die Schärfe vertreibt aber auch die Müdigkeit und die leichten Kopfschmerzen, unter denen man als Europäer mittags in der Tropenhitze fast stets ein wenig zu leiden hat.

Gesättigt und gleichermaßen erfrischt von der Mahlzeit geht es weiter nach **Tampaksiring** mit dem **Gunung Kawi**. Die aufgrund des Namens – »Berg der Poesie« – erwartete Idylle findet man zunächst nicht, denn wo die Straße endet, beginnt ein nahtlos von Souvenirshops gesäumter Weg. Man sieht das Land vor Läden nicht. Aber dann wird der Weg zum Stufenpfad und führt hinab in die tief eingeschnittene Schlucht des Pakerisan. Auf deren Grund stehen Palmen, und an den Hängen staffeln sich grüne Reisterrassen übereinander. Deshalb also wurde *kawi*, das altjavanische Idiom für Poesie, verwendet, denn so, wie das Gedicht dank der Komposition profaner Worte einen hohen Stimmungsgehalt besitzen kann, erhält die Landschaft hier ihren märchenhaften Zauber aus der Komposition von Dingen, die für sich allein genommen nie diese Ausstrahlung hätten.

Vor mehr als 900 Jahren wurde der Name geprägt, nachdem unten am Fluß aus dem Tuffgestein von zwei Felswänden neun *candis* im ostjavanischen Stil herausgemeißelt worden waren. *Candis* sind Denkmäler für vergöttlichte Herrscher, und dieses ist König Udayana und seiner Familie gewidmet, dem es zu verdanken ist, daß sich der hindu-javanische Einfluß, der noch heute das Leben auf Bali bestimmt, durchsetzen konnte.

Die nächste Sehenswürdigkeit, der sogenannte **Mond von Bali**, befindet sich zehn Kilometer weiter im Ort **Pejeng** und wird auf einem hohen Aufbau in der hinteren Ecke des **Pura Penataran Sasih** aufbewahrt. Der mit rund 1,60 Meter Durchmesser größte erhaltene prähistorische Bronzegong der Welt wird auf das dritte Jahrhundert v. Chr. datiert. Er wurde wahrscheinlich mit Hilfe einer Steinform gegossen und gilt als Beweis dafür, daß sich schon zu jener Zeit jungmalaiisches Kulturgut vom asiatischen Festland aus über den Archipel verbreitet hat.

Nach zwei Kilometern Autofahrt und wenigen Minuten zu Fuß trifft man am Ufer des Petanu-Flusses auf die **Goa Gajah**, die Elefantengrotte. Sie wurde erst 1923 von Europäern entdeckt und soll im 11. Jahrhundert von Menschenhand geschaffen worden sein – wahrscheinlich als Meditationsstätte für Mönche. Das Imposanteste an der Grotte ist der Eingang, über dem ein riesenhaftes dämonisches Ungeheuer hockt. Im T-förmigen und rund 13 Meter breiten Innern dann empfängt schwüldumpfe Hitze nebst spärlich erleuchteter Dunkelheit, in der man kaum erkennen kann, daß in der linken Nische der vierarmige *Ganesha* thront (Elefantengott, Sohn *Shivas*) und in der rechten ein dreifacher *lingam* (Phallussymbol), der die Trinität der Gottheiten (s. S. 50) darstellt.

Jetzt sind es noch fünf Kilometer bis **Ubud**, dem heutigen Tagesziel. Der Verkehr wird von Minute zu Minute dichter, und das erste, was man von Balis Kulturzentrum zu Gesicht bekommt, ist blauer Abgasdunst, der wie eine Wolke über der unsauberen Hauptstraße hängt. Dann fällt der Blick auf unzählige Bou-

Gunung Kawi mit Felsen-Candis in der Schlucht des Pakerisan

Eingang der Goa Gajah, der Elefantengrotte, erst 1923 entdeckt

tiquen, Pizzerias, Souvenirläden und Pubs, und aus Musikshops dröhnt Sound nach dem neuesten Strickmuster der Branche. Dieser Kulturschock läßt den Wunsch aufkommen »nichts wie durch und weg«. Und den sollte man auch in die Tat umsetzen, denn Ubud ist zwar vielleicht sehens-, aber im direkten Zentrum nicht unbedingt bewohnenswert. Also fahren wir weiter entlang der Hauptstraße, die nach rund einem Kilometer in die wesentlich ruhigeren Vororte Campuan bzw. Penestanan führt, wo sich zahlreiche gute Herbergen anbieten.

Ein paar Stunden später haben wir Platz genommen vor einer prächtigen Tempelkulisse, deren Mauerwerk im Schein von Pechfackeln rötlich schimmert. Plötzlich hebt ein heller, vibrierender Ton an, und alles Stimmengemurmel verstummt, so verzaubert ist jeder von dieser Nokturne für die Götter der Nacht, die drei Dutzend weiß gekleidete Balinesen ihren hölzernen Schlaginstrumenten entlocken. Es ist der *gamelan,* der erklingt und ohne den jede Tempelzeremonie, religiöse Prozession oder auch Tanzaufführung undenkbar wäre.

Seine Intervalle beruhen auf dem chinesischen Fünftonsystem. Als Rhythmusinstrument dient die große Röhrentrommel; die Gongs haben interpunktierende Funktionen, und die Bambus-Xylophone spielen die Kernmelodie. Alles zusammen ergibt eine polyphone Musik, die rein und mysteriös wie das Mondlicht ist und ständig wechselnd wie das fließende Wasser – so hat es einst Jaap Kunst formuliert.

Plötzlich und als Verkörperung von Himmelsnymphen erscheinen zwei in kostbare Brokatgewänder gehüllte Mädchen. Wie Spiegelbilder voneinander wiegen sie sich in abgezirkelten Schritten im Tanz, trennen sich bald in eigene Gestaltungen, fließen wieder zu einer Einheit zusammen, um pantomimisch eine Legende aus dem 13. Jahrhundert darzustellen, deren Geschichte ein Handzettel erläutert. Es ist der *legong*, der femininste, anmutigste und erhabenste aller klassischen Tänze Balis, dem wir beiwohnen. Und es ist auch der mit der strengsten Choreographie und den differenziertesten Bewegungen, die zu lernen Jahre in Anspruch nimmt. Und doch endet die Karriere der Tänzerinnen mit ihrem 13. oder 14. Lebensjahr, denn dann, nach den ersten Monatsblutungen, gelten sie nicht mehr als rituell rein.

Noch bestaunt man die grazile Drehung einer Hand, das bedeutungsvolle Vibrieren eines Fingers, einen unnachahmlichen Augenaufschlag, als der Gamelan-Rhythmus schneller wird, die Mädchen abtreten und ein Solotänzer mit weißer Gesichtsmaske, vampirähnlichen Eckzähnen, krallenartigen Fingernägeln und strähnig weißen Haaren auf die Bühne springt, um mit ruckartigen Wendungen und schlagenden Bewegungen ein dämonisches Wesen zu mimen. Kaum hat man sich an diesen *jauk* genannten Tanz gewöhnt, da wechselt das Geschehen erneut, und drei Clowns mit Halbmasken erzählen pantomimisch Geschichten aus der populären Volkschronik der Könige auf Bali. Auf diesen *topeng panca* (*topeng* = Maske) folgt *topeng tua,* ein Solo-Maskentanz, während dem ein einzelner Tänzer sehr drastisch die Qualen des Greisenalters veranschaulicht.

Wieder Szenenwechsel, erneut folgen andere Darbietungen, aber längst schon ist die Aufnahmefähigkeit der Besucher erschöpft, und man spürt, daß selbst das Exotischste langweilen kann, wird es als Potpourri, wie allabendlich in Ubud üblich, in Szene gesetzt. ■

Ein Gamelan-Orchester gehört zu jeder Tanzaufführung

Der Gamelan dient dazu, dem Gott oder Geist einen »Klangkörper« zu verleihen

In Bali gibt es wenig gut erhaltene alte Kunst, aber viele geschickte Künstler

6. Tag – Programm: Ubud

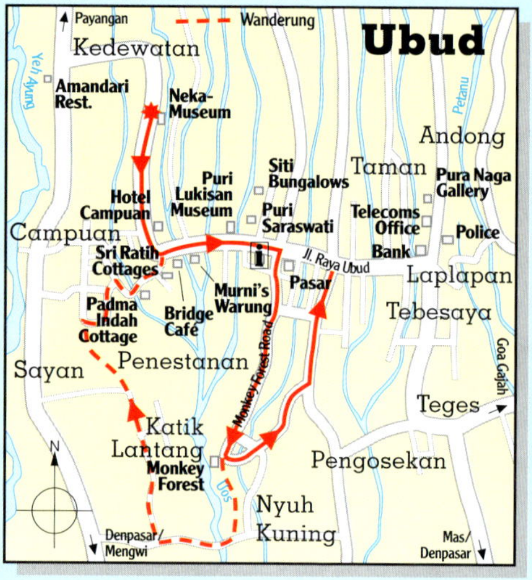

Vormittag	Beginn der Besichtigungstour im Vorort Campuan mit Besuch des **Neka-Museums**
Mittag	Mittagessen in der Innenstadt, am besten, weil schattig und ruhig, im **Siti's Garden Restaurant** (s. Infos 5. Tag)
Nachmittag	Besuch des **Puri Lukisan** (Palast der Gemälde), anschließend entlang der Monkey Forest Road zum **Monkey Forest** (Affenwald). Dann entweder direkt zurück ins Zentrum von Ubud oder per pedes durch schöne Reisfeldlandschaft nach Campuan, dem Ausgangspunkt
Abend	Besuch einer weiteren **Tanzveranstaltung**, einer **Schattenspiel-Vorführung** oder eines **Hahnenkampfes**

6. Tag – Informationen: Ubud

Weitere Informationen zu Ubud finden Sie auf den blauen Seiten zum 5. Tag.

Neka-Museum
Hauptstraße Campuan

Tägl. außer an Feiertagen 9-17 Uhr
Zweitgrößte Gemäldesammlung Balis, ein Kompendium balinesischer Malerei unseres Jahrhunderts; eine Abteilung ist Künstlern aus ganz Indonesien gewidmet,

eine andere den sogenannten *Westerners* (Europäern), vertreten u. a. durch Rudolf Bonnet, Arie Smit, Theo Meier, Han Snel.

Puri Lukisan
Jl. Raya Ubud, Zentrum
Tägl. außer an Feiertagen 8-16 Uhr
»Palast der Gemälde«, Stützsäule von Ubuds Ruf, Kulturmetropole der Insel zu sein. Auf Initiative von Rudolf Bonnet 1954 gegründet und eine der größten Galerien Indonesiens. Alle Stile balinesischer Malerei sind vertreten, insbesondere aber Gemälde der »kulturbringenden« Epoche der 30er Jahre, eingeleitet durch europäische Künstler (denen eine große Abteilung vorbehalten ist).

Monkey Forest
Monkey Forest Road
Rund $1^{1}/_{2}$ km vom Zentrum entfernter heiliger Hain riesenhafter Bäume (u. a. auch herrliche Banyan-Exemplare), in dem eine Horde halbzahmer Affen lebt.

Ubud ist ein Einkaufsparadies. Im Angebot ist alles, was irgendwo auf der Insel produziert wird: also Silber- und Goldschmuck, Holz-, Horn-, Knochen- und Elfenbeinschnitzereien, Steinmetz- und Zementgußarbeiten, Schildpattkämme, handgeschnitzte und -bemalte Schattenspielfiguren aus Leder, traditionelle Gewebe, modische Textilien, neue Antiquitäten und natürlich Tausende Gemälde in allen möglichen und unmöglichen Stilrichtungen, verbunden der Tradition oder dem Touristengeschmack, spottbillig oder teuer, Originale und Kopien.

Kaufen kann man all dies in unzähligen Geschäften, die die **Jl. Raya Ubud** (Hauptstraße) und die **Monkey Forest Road** säumen, auf dem großen Markt der Stadt oder – wenn es um Gemälde geht – in den ebenfalls entlang der Hauptstraße zu findenden Verkaufsausstellungen verschiedenster Künstler. Garantiert Originale bekommt man im Neka-Museum zu kaufen sowie u. a. auch in den Galerien von Han Snel (dem Siti's Restaurant angeschlossen; s. S. 76) und Antonio Blanco (Hauptstraße in Campuan). Snel ist Holländer, dem Abstrakten verhaftet, Antonio Blanco, Amerikaner philippinischer Herkunft, stellt am liebsten sich selbst, seine Frau oder erotische Szenen dar.

Spaziergänge um Ubud (s. Karte 5. Tag)
Da es im Rahmen dieses Buches unmöglich ist, Wanderwege im landschaftlich überaus reizvollen Umland von Ubud näher vorzustellen (ein kleiner Spaziergang wird umseitig beschrieben), sollte man sich im Touristenbüro (s. Infos 5. Tag) die Karte *Bali Path Finder* kaufen, die zur Hälfte Ubud gewidmet ist und für zahlreiche Wanderungen als Führer genügt.

Empfehlenswert sind u. a. Touren von Campuan nach **Payangan** (via Penestanan, Sayan und Kedewatan; 11 km, zurück per Bemo), von Ubud-Zentrum nach **Peliatan** (via Padangtegal und Pengosekan; 4 km, zurück per Bemo), von Ubud via Petulu nach **Junjungan** (6,5 km, zurück per Bemo) oder von Campuan nach **Keliki** (via Sakti und Sebali; 7 km, ab Keliki Bemo nach Ubud via Tegalalang).

Abendveranstaltungen:
Über Tanzdramen wurde bei den Infos zum 5. Tag bereits das wichtigste gesagt, und solche Veranstaltungen werden tägl. aufgeführt. Schattenspiele stehen mehrmals wöchentlich auf dem Kulturprogramm der Stadt (Information über das Touristenbüro oder Hotel). Wann wo Hahnenkämpfe stattfinden, ist nirgends nachzulesen, und so frage, wer einem beiwohnen will, am besten die Hotelangestellten nach *cock fighting* oder *tajen*, dem balinesischen Wort für Hahnenkampf.

6 Ubud: Balis Kulturmetropole zwischen gestern und morgen

»Es war einmal ein weltentrücktes kleines Dorf, das lag inmitten von Reisfeldern und Schluchten, in denen klares Wasser gurgelte. In den Regenwäldern rings umher brüllte der Tiger, und die Menschen waren den Göttern so nahe, daß sie den Himmel fast mit Händen greifen konnten. Jeder malte oder schnitzte oder tanzte oder musizierte nach des Tages Werk. Das war das Paradies ...« – So könnte ein Märchen anfangen, und für die ersten Touristen, die Ende der dreißiger Jahre nach Bali kamen, wurde es wahr. Als deren Vorläufer können westeuropäische Maler gelten, darunter der deutsche Walter Spies (1895–1942), der sich 1927 in **Ubud** niederließ, wo später auch der Holländer Rudolf Bonnet (1895–1978) und der Schweizer Theo Meier (geb. 1908)

Ein geschnitzter Garuda-Vogel wird bemalt

lebten. Er hatte das Wesen der balinesischen Kultur und die künstlerische Begabung der Menschen erfaßt und gefördert; mit Bonnet gründete er die Malerkooperative *Pita Maha*. Charlie Chaplin gehörte ebenso zu den Gästen wie Vicki Baum (1888–1960), die hier ihren Roman »Liebe und Tod auf Bali« schrieb.

Aber die Traumwelt der Künstler zerbarst in japanischen Fliegerbomben. Jahrzehnte gingen ins Land, in denen Ubud nahezu unverändert blieb, bis in den sechziger Jahren die Hippies und Globetrotter kamen, die hier ihr Paradies auf Erden fanden. Doch immer mehr Touristen kamen, um den »Garten Eden« zu besuchen, und die Zahl seiner ständigen Bewohner verzehnfachte sich. Was daraus wurde, kann man sehen, und was daraus noch werden wird, ist in vier Tagen zu ahnen, wenn ein Besuch von Denpasar auf dem Programm steht, das heute eine beliebig austauschbare Stadt geworden ist.

Doch jeder hat andere Vorstellungen vom Paradies, und wessen Träume sich in gut wohnen, essen, trinken und einkaufen erschöpfen, der findet in Ubud die heile Welt und mag hier seinen Urlaub verbringen. Andere genießen das Angebot, füllen einen Tag mit Besichtigungen in Sachen Kultur und wollen dann aber noch mehr von dem entdecken, was Bali von allen anderen Reisezielen auf der Welt unterscheidet.

Gemälde im Neka-Museum in Ubud im traditionellen balinesischen Stil ▷

Wem ein paar Stunden in Ubud genügen, der kann auch getrost das Tagesprogramm zusammenraffen, die nächste Route direkt anschließen und dafür länger im Bergland um Bedugul bleiben.

Einen Streifzug durch Ubud beginnt man am besten etwas außerhalb, nämlich im Vorort **Campuan**, wo rechts der Durchgangsstraße und etwa einen Kilometer oberhalb des Hotels Campuan das in eine Schlucht blickende **Neka-Museum** eingerichtet wurde. Der 1982 eröffnete Komplex ist architektonisch sehr ansprechend gestaltet und besteht aus mehreren Pavillons, in deren luftigen Hallen einige hundert Bilder balinesischer Maler meist unserer Tage ausgestellt sind. Der Bogen der Stile ist weit gespannt und reicht vom zweidimensionalen Wayang-Stil der »Gründerzeit« über Expressionismus, naiven und magischen Realismus bis hin zum Neosymbolismus. Hier ist balinesische Kunstentwicklung zu studieren. Eine gesamtindonesische Ausstellung erlaubt archipelweite Vergleiche, und auch zahlreiche Produkte des Schaffens europäischer Künstler sind ausgestellt (im Haupthaus, zweite Etage) – und all das nicht steril konserviert, sondern als Teil der Landschaft, die sich selbst als Bild in die Fensterrahmen spannt.

Wer schließlich, von all den Werken inspiriert, mit dem Gedanken spielt, etwas Ähnliches im heimischen Wohnzimmer haben zu wollen, findet – direkt vor der Rezeption, an die der Rundgang zurückführt – auch zahlreiche Gemälde, die zum Verkauf stehen. Die Preise sind so unterschiedlich wie die Qualität, nach europäischen Maßstäben aber allesamt moderat, vor allem auch fix.

Noch einen zweiten »Palast der Gemälde« sollte man besuchen, nämlich den **Puri Lukisan**. Er ist, 1956 eingeweiht, mit Abstand der ältere, auch weitaus größere und hat einst Ubuds Ruf als Kulturmetropole Balis gefestigt. Man findet ihn direkt im Zentrum neben dem Puri Saraswati inmitten einer weitläufigen Parkanlage. Auch hier empfängt keine abgestandene Museumsluft, sondern offene, lichtdurchflutete Hallen, die einen Rundgang zum Vergnügen machen. Wieder sind alle Stile balinesischer Kunst dieses Jahrhunderts vertreten (leider nicht so klar gegliedert wie im Neka), aber den meisten Platz beansprucht die Sammlung von Gemälden der dreißiger Jahre, der »goldenen Ära« Ubuds, die von Spies und Bonnet (dem Initiator auch dieses Museums) eingeleitet wurde.

Die damalige balinesische Malerei erschöpfte sich in ewiger Wiederholung gleicher und stets flächig dargestellter Motive aus der Hindu-Mythologie. Die Europäer eröffneten den einheimischen Künstlern die Freude am Experimentieren und Erarbeiten individueller Ausdrucksformen. Die Perspektive wurde »entdeckt«, Tempera und Leinwand eingeführt, und mit Unterstützung des Ubud-Fürsten Cokorda Gede Agung Sukawati im Jahre 1936 die Künstlervereinigung *Pita Maha* ins Leben gerufen. Was beispielsweise die »Düsseldorfer Schule« für Europa war, das wurde diese für Bali, und darüber hinaus kümmerte sie sich auch um internationale Ausstellungen, die Balis Kunst bald weltbekannt machten.

Kitsch und Kunst liegen eng beieinander. – Das wird bereits vor dem Puri Lukisan demonstriert, auf der Hauptstraße und erst recht auf der nach Süden abzweigenden **Monkey Forest Road**, der wir nun folgen. Hier blüht das Geschäft mit Bildern. Ganze Bataillone von Fließbandmalern sind heute inselweit damit beschäftigt, solche *tourist art* zu produzieren bzw. Bilder alten Musters tausendfach zu kopieren.

Am Ende der Straße im schattigen Grün des **Monkey Forest** kann man sich eines Lächelns nicht erwehren, wenn Touristen vor halbzahmen Primaten Männchen machen, auf daß unsere Verwandten möglichst tierische Grimassen schneiden und die Bananen pellen, die man überreicht. Meist wollen die Tiere das nicht, denn sie sind maßlos überfüttert. So sollte man sich verkneifen, selber Futter zu erstehen, und vielmehr den Aufenthalt im dämmrigen Hain genießen, der mit seinen bemoosten Riesenbäumen und überwucherten Opferschreinen wie ein Relikt aus vergangenen Zeiten erscheint.

Zwei Wege bieten sich als Alternative zum Rückmarsch nach Ubud über die Monkey Forest Road an. Entweder man verläßt den Wald wieder, biegt dann rechts ab, folgt der nächsten Straße nach links und läuft so parallel zum Hinweg wieder ins Zentrum zurück. Oder man begibt sich auf eine kleine Wanderung. Dann quert man den Wald, hält sich an der Weggabelung rechts, geht weiter geradeaus und erreicht so schon bald das kleine Dörfchen **Nyuh Kuning**, wo zahlreiche Holzschnitzer und Korbflechter ansässig sind. Ein Fußweg führt durch Reisfelder, über den Uos-Fluß und wird dann wieder zur Straße, der man geradeaus für ein paar hundert Meter folgt. Ein Abzweig nach links wird passiert, später einer nach rechts; dort biegen wir ein und kommen nach rund einem Kilometer in das Dorf **Katik Lantang**. Ab hier ist es nur noch ein kurzes Stück bis **Penestanan**, einem in direkter Nachbarschaft von Campuan gelegenen Vorort Ubuds.

Nach dem rund einstündigen Spaziergang kann man sich ins Shopping-Gewühl von Ubud stürzen oder ein wenig ausruhen, um abends erfrischt einer weiteren Tanzveranstaltung oder dem *wayang kulit*, dem **Schattenspiel**, das hier ebenfalls an manchem Abend aufgeführt wird, beiwohnen zu können. *Wayang*

Affen im Monkey Forest

bedeutet Schatten, *kulit* ist die Bezeichnung für bemalte Flachfiguren (mit fünf beweglichen Teilen) aus Leder. Als »Schauspielhaus« dient oft eine nur auf drei Seiten geschlossene Bambushütte, vor deren freier Giebelseite eine große weiße Leinwand gespannt wird. Hinter dieser Leinwand sitzt der *dalang* mit seinen Figuren unter einer Lampe, deren Licht die Schatten auf den Projektionsschirm wirft. Der *dalang* ist Schauspieler, Regisseur, Improvisator, Sänger und Dirigent in Personalunion, denn er führt nicht nur die Figuren und spricht bzw. singt ihre Rollen, sondern flicht auch aktuelle Tagesthemen in das feststehende Spielschema ein und dirigiert das (allerdings nicht immer vorhandene) Gamelan-Orchester (s. S. 83), das den Ablauf der Handlungen wirkungsvoll begleitet. Vor der Leinwand sitzt das Publikum, und auf

Figuren für das »Wayang kulit«, das Schattenspiel

der Leinwand wird ein Spiel lebendig, das wieder einmal offenbart, wie sehr Bali auch heute noch von uraltem indischen Kulturgut durchdrungen ist.

Der Inhalt des (auch auf Java) so überaus beliebten Wayang stammt aus den beiden großen hinduistischen Epen *Mahabharata* und *Ramayana* mit den zentralen Themen Dämonenbeschwörung, Ahnenkult und Fruchtbarkeitszauber. *Mahabharata,* das aus 110 000 Doppelversen bestehende Nationalepos der Inder, erzählt den Kampf zweier Dynastien um die Vorherrschaft; die Handlung wird mehrfach unterbrochen durch ethische Betrachtungen aus dem Lehrgedicht *Bhagavadgita*. Im Gegensatz dazu ist der *Ramayana* ein reines, 15 000 Doppelverse umfassendes Kunstepos. Geschildert wird, wie der Königssohn Rama seine Gattin Sita, die ihm der Riese Rowana geraubt hat, mit Hilfe des Affenkönigs Hanuman zurückholt. Diese Sage, die auf das zweite bis dritte Jahrtausend vor unserer Zeitrechnung zurückgeht, hat in Bali viele Veränderungen und Erweiterungen erfahren und gehört heute zum festen Programm eines jeden Wayang. Dabei findet die rangunterschiedliche Bedeutung der Puppen Ausdruck in ihren verschiedenen Größen. Gesicht und Füße zeigen die sehr expressiv bemalten Figuren stets im Profil, den Rumpf hingegen häufig frontal; ihre Gelenke sind beweglich. Aber bitte: Nicht fotografieren, auch wenn sich die meisten ausländischen Besucher dazu hinreißen lassen. Es wäre schade um das Material, denn im Licht des Blitzes vergehen die Schatten, und das einzige, was man bannt, ist das Weiß der Leinwand.

Eine andere Veranstaltung gibt es, die ist zwar fotogen, aber nicht jedermanns Sache. Gemeint ist der **Hahnenkampf**, ein Relikt aus prähinduistischen Zeiten, der heute allerdings weniger rituellen Zwecken, sondern mehr der Wettleidenschaft der Männer dient und den Rang eines Nationalsports innehat. Als solcher ist er zwar seit 1982 verboten (nur rituell notwendige Kämpfe sind heute noch erlaubt), aber man kümmert sich nicht groß darum, und fast allabendlich finden irgendwo auf der Insel, insbesondere in der Umgebung von Ubud, nicht genehmigte Turniere statt.

Als Arena dient der *wantilan,* ein in jedem Dorf zu findendes »Stadion«. Hier hat man auch die einzige Möglichkeit, Balinesen zu sehen, die ihrem sonst so gezügelten Temperament freien Lauf lassen. Unter Schreien und Lärmen werden die »Gladiatoren« begutachtet, die Wettlustigen machen wild gestikulierend ihre Einsätze. Dann werden die zuvor durch Zupfen der Hals- und Schwanzfedern

»scharfgemachten« Hähne in gegenüberliegenden Ecken der Arena aufgestellt. Frenetischer Lärm liegt jetzt über dem Rund, aber das ist noch nichts gegen den, der anhebt, wenn sich die prachtvoll gefiederten Hühnervögel auf Zickzackkurs nähern, dann lauernd umkreisen, schließlich unter hundertfachem »Oohhh« und »Aahhh« der aufgebrachten Zuschauer mit gespreizten Nackenfedern und hochgestellten Flügeln aufeinanderprallen, um sich mit Schnabelhieben und an ihren Füßen befestigten, rasiermesserscharfen Klingen zu verletzen. Nur einer darf überleben, so lautet das Reglement, und meist steht der Sieger schon nach Sekunden fest. Der Verlierer wandert in den Kochtopf, der Gewinner wird liebevoll gestreichelt.

Man kann den Hahnenkampf als grausame Tierquälerei ablehnen, zieht man aber einen Vergleich mit den Lebensverhältnissen ungezählter Tiere in den Mastanstalten Europas, dann ist das Dasein eines Kampfhahnes auf Bali vorbehaltlos glücklich zu nennen. Er verbringt sein Leben unter natürlichen Bedingungen in völliger Freiheit, wird von seinem Besitzer tagtäglich aufopferungsvoll gepflegt und mit wirklicher Zuneigung bedacht. Wenn er den Kampf verliert, bezahlt er sein bis dahin herrliches Leben mit einem sekundenlangen Kampf, der den Tod bringt. Wenn er aber insgesamt viermal siegt, darf er bis ans natürliche Ende seiner Tage als hochgeachteter und von allen geliebter »Pensionär« auf dem Hof seines Besitzers weiterleben. ■

Der Hahnenkampf, ein Relikt aus prähinduistischer Zeit, hat den Rang eines Nationalsports

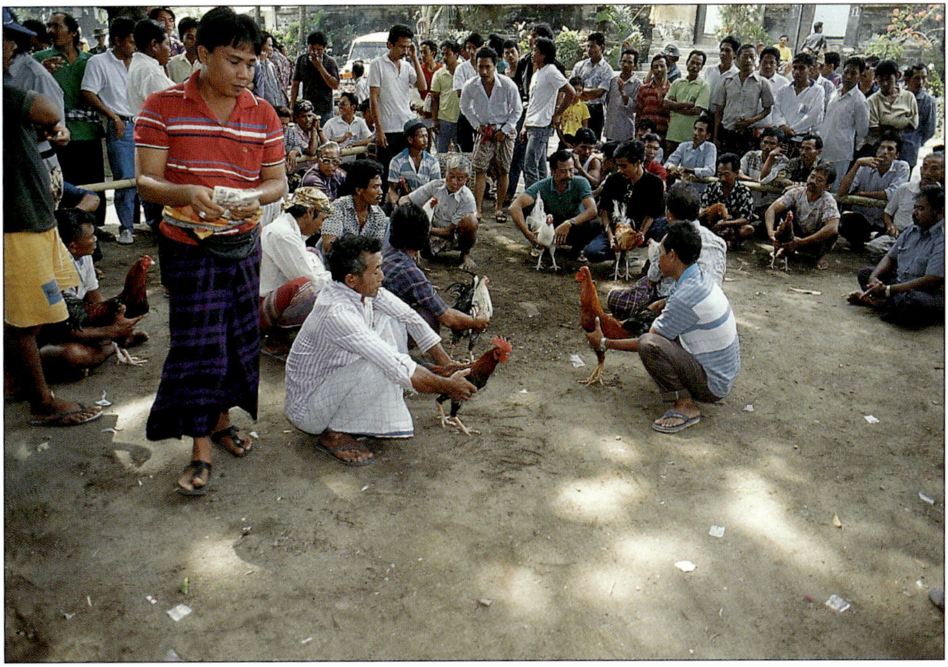

7. Tag – Route: Ubud – Sangeh – Mengwi – Bratan-See (70 km)

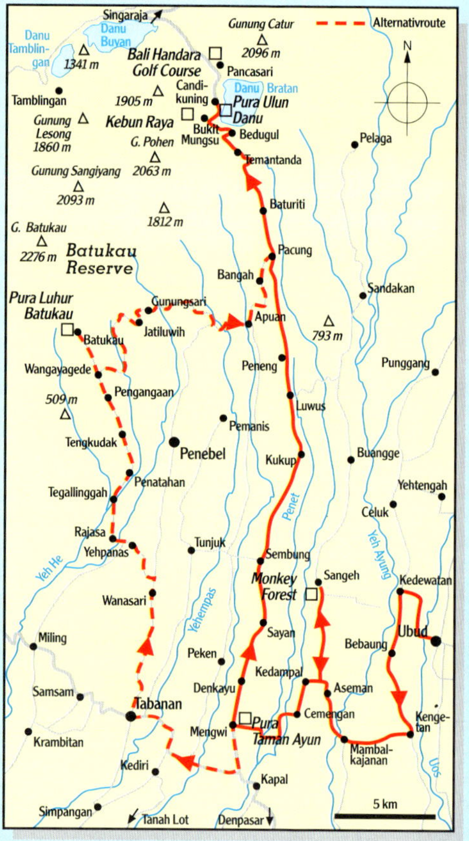

km	Zeit	Route
0	8.00 Uhr	Abfahrt von Ubud durch Campuan, vorbei am Neka-Museum,
4		an der Kreuzung bei Kedewatan links Richtung Denpasar
10		Kengetan, rechts Richtung Kapal, ab Mambalkajanan der Ausschilderung Sangeh folgen
22		**Sangeh**, Besuch des **Affenwaldes** (Monkey Forest) und des **Pura Bukit Sari**
34		**Mengwi** mit dem **Pura Taman Ayun**, der zweitgrößten Tempelanlage der Insel, und dem benachbarten **Museum Manusia Yadnya**. Weiterfahrt an der großen Kreuzung im Zentrum rechts Richtung Bedugul
59	12.00 Uhr	Lunchpause in **Pacung**
61		Baturiti, weiter geradeaus, nicht dem Abzweig nach Bedugul folgen
70		**Danu Bratan**, Bergsee und Tagesziel. Besuch des Kebun Raya (botanischer Garten), Seerundfahrt per Tret- oder Motorboot, evtl. Spaziergang in den Urwald

7. Tag – Route: Ubud – Sangeh – Mengwi – Bratan-See (70 km)

Mit öffentlichen Verkehrsmitteln: Es ist etwas umständlich, aber es geht (wenn auch im ersten Abschnitt auf anderer Route). Per Bemo von Ubud zurück nach Denpasar (Kereneng-Terminal), umsteigen ins Bemo zur Jl. Kartini/Denpasar, ab dort Anschluß nach Sangeh (oder, ab Ubung-Terminal, direkt nach Mengwi). Bemo retour Richtung Denpasar nehmen, an der Straße nach Mengwi aussteigen (5 km), weiter mit einem nach rechts verkehrenden Bemo nach Mengwi. Ab hier gute Bus-/Bemo-Verbindungen zum Ziel.

Alternativweg: Wer über ein robustes Fahrzeug verfügt, kann von **Mengwi** aus einen lohnenden Umweg über das Bergheiligtum **Pura Luhur Batukau** nach Pacung machen. Die Distanz beträgt rund 45 km (anstatt 25 km), aber da die Straße teils in schlechtem Zustand ist, muß man $1^1/_2$ Fahrstunden mindestens einplanen, während die Besichtigung des in entrückter Bergwelt auf 900 m Höhe an der Südflanke des Gunung Batukau gelegenen Tempels gut eine halbe Stunde in Anspruch nimmt.

In Mengwi dann nicht nach rechts Richtung Bratan-See abbiegen, sondern nach links in Richtung Denpasar. Nach ca. 3 km wird die Hauptstraße Gilimanuk – Denpasar erreicht, hier rechts nach Tabanan (7 km), wo man in Verfolgung der Schilder »Pura Luhur Batukau« erneut nach rechts abschwenkt. Weiter geht die Fahrt via **Penatahan** (mit den heißen Quellen Yeh Panas) zum Bergdorf Wangayagede; von dort sind es noch 3 km bis zum selten von Touristen besuchten Heiligtum, in dem der Berggott *Mahadewa* verehrt wird.

In der **Yeh Panas Deluxe Villa** in Penatahan, direkt bei den Yeh Panas (heißen Quellen), ✆ (0361) 26 23 56, mit 16 sehr geräumigen Zimmern (komfortabel, mit Klimaanlage, Telefon, TV, Minibar und Balkon) kann man übernachten. Die schöne, inmitten von Reisterrassen gelegene Anlage mit intimer, behaglicher Atmosphäre bietet sich auch als Alternative zur Übernachtung in Ubud (siehe 5. und 6. Tag), am Bratan-See oder in Kuta an (siehe 9. Tag). Neben den heißen Mineralquellen sorgen balinesische Massage oder Meditationskurse für Entspannung. $$$$

In **Wangayagede** (nun rechts ab) beginnt eine schmale und schlaglochreiche Piste, die aber durch schöne Berglandschaft über Jatiluwih und Gunungsari nach **Pacung** führt. Hier nach links, noch ca. 200 m bis zum Restaurant, wo wir die Mittagsrast verbringen wollen.

7. Tag – Informationen

Affenwald/Monkey Forest
Sangeh, nördlicher Ortsrand, direkt an der Straße
Von großen Horden halbzahmer Affen bewohnter Muskatbaum-Wald, der ebenso als heilig gilt wie auch die diebischen Tiere selbst, die als Nachfahren der Affenarmee von Hanuman angesehen werden, dem im indischen Nationalepos *Ramayana* verewigten Affenkönig. Im Zentrum des Waldes erhebt sich der Meditationstempel **Pura Bukit Sari**.

Pura Taman Ayun
Direkt an der Straße nach Mengwi, 200 m vor dem Ortszentrum Mengwi auf der rechten Seite
Sehr weitläufiger Tempelkomplex auf

einer Insel, umrahmt von Lotosteichen; zweitgrößtes Heiligtum von Bali.

Museum Manusia Yadnya
Links neben dem Pura Taman Ayun
Mengwi
Tägl. außer an Feiertagen 9–17 Uhr
Sehr sehenswerte Ausstellung, die mittels Fotos und Modellen über die sogenannten Übergangsriten informiert: Zeremonien, die dem Menschen auf Bali helfen sollen, die einzelnen Phasen seines Lebens zu meistern. Insbesondere geht es um die Feierlichkeiten zum Anlaß von Geburt, Namensverleihung, Zahnfeilung, Hochzeit und Tod.

Obsteinkauf
Durchgangsstraße Mengwi – Bratan-See, ab etwa dem Dörfchen Luwus bei km 51
Das Hochland zwischen Mengwi und Bratan-See gilt als der »Obstkorb« Balis, und entlang der Straße finden sich zahlreiche Stände, in denen all die bekannten und unbekannten Tropenfrüchte angeboten werden.

Lunchpause
Das Restaurant des **Pacung Mountain Quality Resort** (s. u.) gilt als eines der feinsten der Insel, und wer es sich leisten kann, sollte hier im Angesicht des Gunung Batukau in edel eingerichteten Speiseräumen oder auf Hangterrassen zu einer lukullischen Entdeckungsreise starten.

Direkt gegenüber diesem Gourmet-Tempel, also rechts der Straße, blickt das **Green Valley** auf idyllische Reisfeldhänge. Die Preise entsprechen allerdings nicht den schlichten die Räumlichkeiten.

Pacung Mountain Quality Resort
Jl. Raya Baturit (Durchgangsstraße Mengwi – Bratan-See, km 59)
Pacung
✆ 2 58 24
Wie das Restaurant, so die Zimmer: vom Allerfeinsten, und ausgestattet mit dem Komfort eines internationalen Top-Hotels, teils sogar mit offenem Kamin (nachts wird es kühl). Zur architektonisch überaus ansprechenden Terrassenanlage gehören ein (beheizter) Swimmingpool, Shops und eine Bar. Wer höchste Ansprüche an eine Unterkunft stellt, sollte hier, anstatt am 11 km entfernten Bratan-See, übernachten. $$$$$ (ab $ 75)

Danu Bratan:

Das touristische Zentrum des in üppigen Bergregenwald eingebetteten Bratan-Sees ist der Ort **Bedugul**, der sich aber als laute Ansammlung von weit überteuerten Hotels und Restaurants präsentiert und für dessen Besuch man sogar Eintritt zahlen muß. Viel schöner wohnt man in den u. g. Alternativ-Unterkünften. Nur Wassersportler werden in Bedugul alles nach ihrem Geschmack finden.

Die herausragende Sehenswürdigkeit des Kratersees, der Tempel Pura Ulun Danu beim Ort Candikuning, steht am 8. Tag auf dem Programm.

Hotel Bukit Mungsu Indah
Jl. Raya Bedugul, ca. 1 km vor dem Marktflecken Bukit Mungsu links der Durchgangsstraße
Bedugul/Bukit Mungsu
✆ 6 16 22
Aus über 1 200 m Höhe überblickt diese 1992 errichtete Bungalowanlage den gesamten Süden von Bali (nicht aber den Bratan-See). $$$

Ashram Guesthouse
Jl. Raya Singaraja, direkt rechts der Durchgangsstraße am Seeufer
Candikuning/Bedugul
Der Name stammt noch aus alten Tagen, als sich hier »Blumenkinder« der Selbstfindung hingaben. Was einst ein billiges Gästehaus war, ist heute eine überaus atmosphärische Bungalowanlage in einem Park am terrassierten Hang direkt über dem See. Von den schicken Stein-

bungalows aus (die besseren verfügen u. a. auch über fließend Warmwasser) bietet sich ein traumhaftes Panorama; am Ufer dienen kleine Pavillons zur Entspannung. $$–$$$

Lila Graha Bungalows
Jl. Raya Singaraja, links der Durchgangsstraße, gegenüber Ashram Guesthouse ausgeschildert
Candikuning/Bedugul
✆ 2 57 50, Reservierung auch über ✆ 3 72 45
Dieses Government-Resthouse ist auch für Touristen zugelassen und erstreckt sich mit vielen locker verteilten Steinbungalows auf einem üppig umrankten Hügel hoch über dem See. Wieder ein faszinierendes Panorama, aber die Häuschen (alle mit Bad/WC, Warmwasser) haben ihre besten Tage hinter sich, bedürfen dringend einer Renovierung. Wer nur schön, nicht unbedingt komfortabel wohnen will, wird sich hier dennoch wohlfühlen. $$

Bali Handara Kosaido Country Club
Bali Handara Golfclub
Pancasari (2 km nördlich des Bratan-Sees an der Durchgangsstraße)
✆ 8 89 44
Bungalowanlage auf dem Areal eines der angeblich schönsten Golfplätze der Welt (s. 8. Tag), die als das Nonplusultra bei verwöhnten Touristen zählt. Die freitragende Betonhalle der Lobby würde jedem Hilton zur Ehre gereichen. Die Steinbungalows befinden sich zwischen gepflegten Blumenrabatten und sind sehr luxuriös (wenn auch leider nicht gemütlich) ausgestattet, u. a. auch mit offenem Kamin. Zu den Gemeinschaftseinrichtungen gehören u. a. ein Fitneßcenter, Tennisplätze, Sauna, Hallenbad.

Kebun Raya
Bukit Mungsu
Tägl. 7–17 Uhr
130 ha großer botanischer Garten (668 diverse Baumarten), von zahlreichen Fahr- und Gehwegen durchzogen; sehenswertes Orchidarium (459 Spezies).

Abendessen
Hier bieten sich das Restaurant des **Ashram Guesthouse** (am Seeufer gelegenes Gartenrestaurant, europäisierte indonesische Speisen), das des **Golfclub** (indonesische, chinesische und japanische Speisen in luxuriöser Umgebung) und das **Mountain Quality Resort Hotel** in Pacung (s. o.) an.

In **Bukit Mungsu** finden sich außerdem zahlreiche einfache »Eßhäuser«, wo man billigste balinesische und chinesische Gerichte serviert bekommt (hier auch mehrere *Rumah Makan Padang*, s. S. 80f.).

Wer das wirklich Ausgefallene kosten will, nämlich die traditionelle Küche der *Sasak* von Lombok (s. S. 143), der sollte das **Taliwang Bersaudara** besuchen (Jl. Raya Singaraja, Seeuferstraße, direkt beim Bootsverleih), wo man auf einem überdachten Balkon über dem See romantisch sitzen kann. Anhand der Speisekarte muß man sich selbst eine kleine »Reistafel« zusammenstellen. Da alles nur indonesisch beschriftet ist, hier ein paar Empfehlungen: sehr lecker sind die *Ayam*-Gerichte (Huhn), insbesondere *Ayam Sasak* sowie *Sup Ayam* (Hühnersuppe); dazu vielleicht *Sate Busut Goreng* (Fleischspießchen) und *Pelecing Kangkung* (scharf-sauer angemachtes Lotosgemüse).

Wassersport
Tret-, Motor- und Ruderboote kann man direkt beim o. g. Taliwang-Bersaudara-Restaurant am Seeufer mieten, aber die Preise sind hoch, und wer nicht zu handeln versteht, muß sage und schreibe 25 000 Rupiah für 1 Std. Tretboot einplanen. In Bedugul, dem Touristenzentrum am Südrand des Sees, kann man darüber hinaus Wasserski fahren und sich auch dem Parasailing hingeben.

7 In die Bergregenwälder
Von Ubud zum Bratan-See

Das erste Ziel der heutigen Route, der Ort **Sangeh**, ist nicht der Rede wert, sehr wohl aber der dunkle **Affenwald** mit hohen, schlanken Muskatbäumen (die auf ganz Bali nur hier wachsen), der sich am nördlichen Ortsrand, direkt an der Straße, erstreckt. Sofort nach Betreten des sakralen Haines sieht man sich großen Horden heranrasender Affen gegenüber. Wer eine Brille trägt, der sollte sie jetzt festhalten,

Sie sind nicht so freundlich, wie der Anblick vermuten läßt ...

denn die possierlichen, aber teils aggressiven Tiere sind ganz wild auf die Gläser und entfliehen, haben sie eines erhascht, schnell in die Wipfel der Bäume. Ist dies geschehen, eilt sogleich eine affenkundige Greisin herbei, die den Dieb mit teuer zu bezahlenden Bananen im Handumdrehen dazu bringt, seine Beute wieder abzugeben ... Auch Kameras, Halsketten und Handtaschen sind nicht sicher vor diesen heiligen Kreaturen, die als direkte Nachkommen der großen Affenarmee von Affenkönig Hanuman (s. S. 92) gelten. Also Vorsicht, und vielleicht zur Prophylaxe schon am Parkplatz Bananen oder Erdnüsse erstehen.

Mitten im Wald und prächtig anzuschauen erheben sich die moosüberwucherten und flechtenbehangenen Mauern des **Pura Bukit Sari** (Blüte des Hochlandes), eines Meditationstempels aus dem 17. Jahrhundert. Aber auch hier wimmelt es von Affen, und da langsam aber sicher die Futterreserven zur Neige gehen, ist man froh, bald wieder unbehelligt am Wagen zu stehen. Wir folgen der Straße zurück und dann den Schildern »**Mengwi**«. Am Eingang der Stadt liegt der **Pura Taman Ayun**, der »Schwimmende Blumengarten«. Dieser Tempel, 1634 vom Mengwi-Raja errichtet, ist nach Besakih der zweitgrößte der Insel und zusammen mit dem Pura Kehen von Bangli vielleicht ihr schönster. Es ist ein unvergeßliches Erlebnis, in diesem von Lotosseen umgebe-

Reisterrassen-Landschaft nahe Ubud ▷

nen Refugium morgens in noch frischer Luft den Blütenduft zu atmen, metallisch tönendem Insektensummen zu lauschen, all die Steinfiguren, Schreine und Merus zu betrachten, mit denen die Ahnen des Königsgeschlechts der Mengwi-Dynastie geehrt werden.

Anschließend lohnt ein Besuch im direkt links benachbarten **Museum Manusia Yadnya**, das mit Modellen und Fotos über (*manusia yadnya-*)Zeremonien informiert, die die einzelnen Lebensphasen der Balinesen markieren. Der erste Ritus zu Ehren des Menschen wird hier bereits in seinem Embryonalstadium, nämlich im dritten Monat der Schwangerschaft, durchgeführt. Direkt nach der Geburt folgt der nächste, und mit großer Feierlichkeit werden nun seine vier »Schutzgeister« Blut, Fruchtwasser, Nabelschnur und Plazenta beerdigt. 105 Tage nach der Niederkunft (nach dem Bali-Kalender genau ein halbes Jahr) darf der neue Erdenbürger zum ersten Mal den Boden berühren, wodurch er in die eigentliche menschliche Sphäre eintritt. Nach 210 Tagen (einem Bali-Jahr) erfolgt das Geburtstagsfest, während dem auch der Name verliehen wird. Für Mädchen ist die erste Menstruation Anlaß einer weiteren Zeremonie, und die nächste große Übergangsphase beider Geschlechter wird durch den Ritus des Zahnfeilens markiert, nach der das Kind als heiratsfähiger Erwachsener gilt. Hierbei geht es um die symbolische Befreiung von den (nur Jugendlichen noch zugestandenen) Übeln Zorn, Habgier, Neid, Wollust, Berauschtheit und Verwirrtheit, weshalb die oberen (daher zum Göttlichen zu rechnenden) sechs Zähne geradegefeilt werden.

Es folgt die Hochzeitszeremonie und schließlich die des Todes und der Verbrennung (s. S. 131f.), die den Übergang des Menschen in die nichtstoffliche Welt markiert, aus der heraus er wiedergeboren wird.

Vergleiche zwischen der balinesischen und der westlichen Welt drängen sich auf. In dem zum Museum gehörenden Café, das über Lotosteiche hinweg auf den Pura Taman Ayun blickt, kann man sich ungestört seinen Gedanken hingeben. Nach einem gemütlichen zweiten Frühstück und bevor Mengwi verlassen wird, sollte man gegenüber der Kreuzung im Zentrum von Mengwi den großen Obst- und Gemüsemarkt besuchen.

Auf den nächsten 30 Kilometern bis Bedugul sind rund 1 200 Höhenmeter zu bewältigen, Steigung ist also angesagt. Während der gesamten Strecke bleibt die waldgrüne Kuppe von Balis zweithöchstem Vulkan, dem 2 276 Meter messenden **Gunung Batukau**, stets im Bild. Aber dieser Berg hat im Gegensatz zu den anderen bisher gesehenen nichts Bedrohliches an sich, sondern fügt sich harmonisch in die Landschaft ein, die ganz langsam ihr Aussehen verändert. Mehr und mehr Plantagen rücken ins Bild, und ab dem Dörfchen **Luwus**, rund 17 Kilometer von Mengwi entfernt, dominieren Obstbäume. Links und rechts bieten kleine Verkaufsstände exotische Früchte, zu verheißungsvollen Pyramiden gestapelt.

Man kann gar nicht anders, als immer wieder die Fahrt unterbrechen, um von den Köstlichkeiten der tropischen Breiten zu kosten. Was für eine Vielfalt! Man sollte eine Mischung davon mitnehmen und am Abend mit Rum oder Whisky und Sprite als Sektersatz eine erfrischende Fruchtbowle zubereiten.

Um Gaumenfreuden geht es auch zur Mittagsrast im direkt links an der Straße und hoch über Reisfeldtälern thronenden **Pacung Mountain Quality Resort**, das fast den Rang einer Sehenswürdigkeit innehat. Über Terrassenstufen zieht sich

Frauen und Kinder bringen Opfergaben zum Pura Taman Ayun im Mengwi

die Anlage den steilen Hang hinab und vollendet baulich die Landschaft, während die Speisen der chinesischen, indonesischen und internationalen Küche, die in verschiedenen Panoramaräumen serviert werden, den Besuch in gastronomischer Hinsicht abrunden. Zwei Kilometer weiter markiert das Dörfchen **Baturiti** die

Grenze zum Gebirgsregenwald. Riesige Farne säumen nun die kurvenreiche Straße, und immer wieder tun sich phantastische Aussichten auf. Nach der Bungalowanlage Bukit Mungsu Indah, an einem Hang gelegen, passiert man Bukit Mungsu und fährt geradewegs auf den malerisch im Waldsaum gebetteten **Danu Bratan** zu. Rechts liegt das Ashram Guesthouse am Uferhang, links geht es zu den Lila Graha Bungalows. Bevor man den See und sein Umland näher erkundet, sollte man sich für ein Quartier entscheiden.

Zunächst bietet es sich an, den **Kebun Raya** zu besuchen. Dieser 130 Hektar große botanische Garten, drei Kilometer nördlich von Bukit Mungsu und ab dort nach rechts ausgeschildert, breitet sich in einer Höhenlage von 1 200 bis fast 1 500 Meter Höhe aus und wird von einem großzügigen Wegenetz durchzogen, über das eine Karte am Parkeingang informiert. Auch motorisiert darf man dieses gepflegte Refugium mit 668 verschiedenen Baumarten erkunden, mehr sieht man allerdings zu Fuß. Mit der vereinigten Pracht von 459 verschiedenen Spezies ist das Orchidarium nahe dem Parktor eine besondere Attraktion.

Falls man, zurück in Bukit Mungsu, Whisky oder Rum für eine Bowle besorgen will (*»ada whisky?«*), so kann das schwierig werden, denn viele Dorfbewohner sind zur indonesischen Staatsreligion, dem Islam, übergetreten und verkneifen sich die Freuden des Destillats.

An der Seeuferstraße verleiht ein Restaurant Tret- und Motorboote. Die Preise für die Gefährte haben sich gewaschen, aber wer lächelnd handelt, wird mit Discount belohnt und kann so, hat er seine »Armut« gut in Szene gesetzt, auch für die Hälfte fahren.

Der **Danu Bratan**, dessen Wasser als magisch gilt, füllt Teile eines riesigen erloschenen Vulkankraters aus, der aber nicht wie ein solcher aussieht, weil seine

Obststand mit Durians

bis über 2 000 Meter hoch aufragenden Flanken von Bergregenwald bedeckt sind. Diese üppigste und älteste Pflanzenformation der Erde wird nach Berechnungen des World Wildlife Fund bereits

Balis Früchte

Nangka (Jackfrucht), bis 40 Kilogramm schwer und 60 Zentimeter lang, goldgelbe rauhe Schale, saftiges, leckeres Fruchtfleisch von nicht vergleichbarem Geschmack.

Durian, »Königin der Früchte«, grün genoppt und kopfgroß, cremig weißes, faulig riechendes, aber köstlich schmeckendes Fruchtfleisch, beliebt als Aphrodisiakum. Die Balinesen sagen: »Wenn die Durians fallen, gehen die Sarongs hoch.«

Mangga (Mango), bis zu einem Pfund schwer, und wenn sie bei gelber Schale richtig reif ist, dann süßer, als man je geschmeckt hat.

Delima (Granatapfel), rotbackige Kugel mit wulstigem Nabel. Nach Meinung der Bibelforscher der Paradiesapfel, dessen Fruchtfleisch nach Johannisbeeren schmeckt.

Jeruk besar (Pomelo), hat faseriges Fruchtfleisch, schmeckt nicht bitter und löscht sehr gut den Durst.

Rambutan, pflaumengroße Frucht mit rötlich-gelben Haaren, auch ein guter Durstlöscher.

Manggis (Mangosteen), tomatengroß und violett, man sagt, sie kühlt die Hitze der *durian*.

Chiku, ähnelt äußerlich einer Kartoffel, schmeckt wie Birnen.

Noina (Custard Apple oder Netzannone), der Geschmack erinnert an Zuckermelonen.

Opfergaben für die Götter

in weniger als 20 Jahren von unserem Planeten verschwunden sein. Jährlich fallen mehr als 200 000 Quadratkilometer Urwald den multinationalen Holzkonzernen zum Opfer; in Indonesien, wo noch um die Jahrhundertwende über 97 Prozent der Landfläche mit Wald bedeckt waren, 1979 noch knapp 90, sind es heute nicht einmal mehr 50 Prozent.

Von Prestigedenken geleiteter Konsumrausch, der Schränke, Tische, Stühle, Brettchen und Regale, ja sogar Särge am liebsten aus Edelholz verlangt, trägt zusammen mit der Bevölkerungsexplosion die Schuld am größten je von Meschenhand praktizierten Ökozid. »Nur eine atomare Katastrophe könnte die globalen Auswirkungen des Abholzens der tropischen Wälder übertreffen«, urteilte die UNO-Entwicklungshilfe-Organisation UNDP. ■

8. Tag – Route: Bratan-See – Paßhöhe – Tamblingan-See – Gitgit – Singaraja – Lovina Beach (60 km)

km	Zeit	Route
	6.00 Uhr	Besuch des **Pura Ulun Danu** am Bratan-See
0	8.00 Uhr	Abfahrt vom Danu Bratan
3		Fahrt über den **Bali-Handara-Golfplatz** (6 km)
12		**Paßhöhe** (1 220 m) und Aussichtspunkt; hier links, und an der nächsten Straßengabelung, ca. 5 km weiter, geradeaus Richtung Munduk (nicht rechts der Ausschilderung Singaraja folgen), am Wegweiser »Lake Tamblingan« nach links
19		Wanderung zum **Danu Tamblingan** (hin und zurück 7 km)
38	12.00 Uhr	**Gitgit**, Spaziergang zum gleichnamigen **Wasserfall** (15 Min. je Weg), anschließend Mittagessen im Restaurant des Gitgit-Hotels
48		**Singaraja**, Hauptstadt von Nordbali, Besuch der historischen Bibliothek Gedung Kirtya. Auf der Weiterfahrt nach etwa 12 km rechts den Schildern »Nirwana/Angsoka« folgen (am Abzweig steht ein Rondell-Restaurant auf Pfählen)
60	15.00 Uhr	**Kalibukbuk** mit **Lovina Beach**

Mit öffentlichen Verkehrsmitteln: Der Ausgangspunkt für die Wanderung zum Danu Tamblingan ist nur mit längeren Wartezeiten zu erreichen, weil auf der Gratstraße ab Paßhöhe nur sporadischer Bemo-Verkehr herrscht. Auf der Strecke vom Bratan-See nach Singaraja verkehren zahlreiche Bemos und auch Busse (Gitgit liegt am Weg), ab Singaraja alle paar Minuten Zubringer zum Lovina Beach.

8. Tag – Informationen

Bali-Handara-Golfplatz
Pancasari, 2 km nördlich des Bratan-Sees an der Durchgangsstraße
✆ 2 88 66
135 ha großes 18 Loch Wiesen- und Parkareal, das auch von »Normalsterblichen« befahren und bespielt werden kann. Der Kurs entspricht internationalem Standard und wurde von 1 500 Arbeitern mit einem Maximum an Aufwand angelegt. – Ein Kleinod inmitten herrlicher Landschaft. Ein Fullset kostet $ 15 pro Tag, Halfset $ 9, Green Fee ist mit $ 55 zu bezahlen, Caddy Fee kommt auf $ 6, die gesamte erforderliche Ausrüstung kann gemietet werden.

Paßhöhe/Gratstraße
Der gesamte Streckenabschnitt zwischen km 12 (Paßhöhe 1 220 m) und km 19 ist eine einzige Natur-Sehenswürdigkeit, denn die Straße führt auf dem Grat eines Kraterwalls entlang – mit Blick aufs Meer, den Bergwald und die beiden Seen Danu Buyan und Danu Tamblingan.

Wanderung zum Danu Tamblingan
Einstieg an der Straße bei km 19
Strecke 7 km, Dauer 2 Std.
Einfache Wanderung über eine breite Erdpiste zum romantischsten Bergsee der Insel mitten im Dschungel und mit Lotos bestanden. Unterwegs sieht man Reisbauern bei ihrer täglichen Arbeit.

Gitgit-Wasserfall
Kurzer Spaziergang zum sehenswertesten Wasserfall der Insel. Aus ca. 20 m Höhe stürzen sich – aber nicht während der Trockenzeit (Juni–Sept.) – gewaltige Wassermassen in lotrechtem Fall in ein Felsbassin am Ende einer Waldschlucht. Hier kann man auch baden.

Restaurant des Gitgit-Hotel
Jl. Raja Singaraja (Durchgangsstraße)
Open-air-Restaurant mit reichem Panorama auf das Tiefland des Nordens und das Meer. Dem Touristengeschmack angepaßte, dennoch gute Gerichte der indonesischen Küche.

Gedung Kirtya
Jl. Veteran, bei der Ortseinfahrt an der 1. Ampel links, direkt an der Ecke
Singaraja
Tägl. außer an Feiertagen 10–17 Uhr
Historische Bibliothek im »Haus des Sich-Versenkens«, in dem das literarische Erbe Balis und auch Javas konserviert ist. Insgesamt sind es über 4 500 *lontars* (traditionelle Palmblatt-»Bücher«), die sich in den alten Inselsprachen (die nicht mit dem Indonesischen identisch sind, auch keine lateinischen Buchstaben benutzen) mit den Themen *Ramayana* und *Mahabharata* (s. S. 92) befassen. Die Sammlung gilt als die bedeutendste Indonesiens, die oft jahrhundertealten Manuskripte sind von unschätzbarem Wert.

Lovina Beach:

Der Name bezeichnet den Küstenstreifen, der rund 5 km westlich von Singaraja beginnt und ca. 9 km weiter in Richtung der untergehenden Sonne endet. In manchen Abschnitten erinnert er an einen Rummelplatz, an anderen ist er touristenleer, aber nie gleichen Strand und Hinterland einem zubetonierten Ghetto. Immer wieder liegen Dörfer im Bungalow-Saum, und am Strand flicken Fischer ihre Netze. Das Meer präsentiert sich von seiner ruhigen Seite mit Palmen im Hinterland – der Strand könnte ideal sein, würden nicht der schmutziggraue, mit teilweise scharfen Korallen durchsetzte Kiessand und die nachlässige Müllentsorgung das Bild trüben. Wegen der zahlreichen Seeigel im strandnahen Wasser ist auch das Baden nicht das reine Vergnügen, und so kann/mag man hier zwar eine Nacht verbringen, aber bestimmt keinen Urlaub.

Der für den Aufenthalt am besten geeignete Strandabschnitt liegt im Bereich von **Kalibukbuk**, 12 km westlich von Singaraja. Dort gibt es ca. zwei Dutzend Bungalowanlagen und Restaurants, darunter auch die von uns empfohlenen Unterkünfte.

Telefonieren: Bei Anrufen von außerhalb muß man **03 62** vorwählen, von hier in andere Inselbereiche, mit Ausnahme von Kintamani/Penelokan, **03 61**.

Bali Lovina Beach Cottage
✆ 8 76 94
Die Topadresse in Balis Norden: direkt an den Strand grenzende Anlage mit großem Swimmingpool (darin eine »schwimmende« Bar) und Steinbungalows, die in drei Komfortstufen angeboten werden; die preisgünstigen Häuser sind mit Ventilator statt Air-conditioning ausgestattet. Das angeschlossene Restaurant ist für seine Meeresfrüchte bekannt. $$$$

Nirwana
✆ 4 12 88
Sehr beliebte Anlage im lichten Wald hinter dem Strand; mit einfachen Rattanbungalows, großen Holzbungalows mit Bad/WC und Balkon und zweigeschossigen Häusern. Letztere sind zu empfehlen, weil luftig und mit Moskitonetz ausgestattet. Ventilatoren sind obligatorisch. Angeschlossen ein winddurchwehtes Restaurant. $-$$$

Angsoka Seaside Cottage
✆ 4 18 41
Der Name ist nicht korrekt, denn die Anlage liegt hinter dem Nirwana, also nicht an der *seaside*. Es wird trotzdem empfohlen, wegen der ruhigen Lage, weil nachts Wachpersonal für Sicherheit sorgt, und weil man im teils leider ummauerten, daher mitunter stickigen Geviert der Gartenanlage Bungalows in mehreren Preis- und Komfortstufen findet. Wo sonst kann man ab umgerechnet 15 DM (für 2 Personen) in sauberen Hütten wohnen und sich davor im schönen sauberen Swimmingpool mit angebauter Bar ergehen? $–$$$

Zu jeder Bungalowanlage gehört auch ein Restaurant: meist ein Freiluftrestaurant aus Rattan oder Bambus mit Holzmobiliar und romantischer Beleuchtung. Auswahl, Angebot und Preise sind ziemlich identisch, nur im Bali Lovina Beach Cottage muß man tief in die Tasche greifen.
Sehr beliebt ist das **Kakadu** (direkt rechts an der Zufahrt zu Nirwana/Angsoka), wo indonesische und europäische Gerichte in offener Küche zubereitet werden: große Auswahl, sehr lecker und billig.

Guitar
Gegenüber Kakadu-Restaurant
In Sachen Nightlife ist nichts los an der Lovina Beach. Nur eine Ausnahme gibt es (während der Saison): Das Guitar, eine Art Musikpub, wo einheimische »Mick Jaggers« ihren E-Gitarren nostalgische Klänge aus der »guten alten Zeit« entlocken.

Tauchsport
Das große Plus der Lovina Beach sind ihre vorgelagerten Korallenriffs. Die sind zwar auch nicht mehr das, was sie mal

waren, seit sich die Touristen als Korallenjäger betätigen, aber so mancher sehenswerte Abschnitt ist noch geblieben. Die schönsten Schnorchel-/Tauchgründe finden sich nicht direkt bei Kalibukbuk, sondern ca. 1 km weiter westlich am Ende der Halbmondbucht, wo sich ein Riff etwa 3 km gen Westen erstreckt.

Schnorchelausrüstungen kann man in den Bungalowanlagen ausleihen und – besser gepflegt – bei **Barrakuda Bali Dive**, der Tauchbasis der Bali Lovina Beach Cottage (s. o.) direkt links vor dem Strandeingang zur Hotelanlage. Hier werden auch Tauchkurse und zahlreiche geführte -touren angeboten und komplette Tauchausrüstungen vermietet. Als das Nonplusultra des Tauchsports gelten die Korallenriffs vor der Menjangan-Insel im Westen von Bali, die zum Nationalpark erklärt wurde, nur etwa 40 km von hier entfernt. Die Tauchgründe dort sind weltweit bekannt und wurden in den führenden Tauchmagazinen über alle Maßen gelobt.

Pura Ulun Danu am Bratan-See

8 **Auf Traumstraßen Richtung Norden** Vom Danu Bratan nach Lovina Beach

Wenn sich kurz nach sechs Uhr morgens im Dämmerlicht die Vulkankegel als Schattenrisse gegen den leuchtenden Himmel abheben, dann sollte man den **Pura Ulun Danu**, das Heiligtum von Dewi Danu, der Göttin des Meeres und der Seen, am und teilweise im Bratan-See gelegen, besuchen. Denn später, wenn es hier von Touristen und Souvenirverkäufern wimmelt, ist von dem wahren Reiz dieses Tempels, der mystischen Stille, nur noch wenig zu spüren. Am Morgen wird die Ruhe allein vom Gurgeln des Wassers durchbrochen, in dem die meditierende Seele den Urlaut *om* zu hören vermag, der als Keimsilbe des Universums gilt, als das magische Wort schlechthin, gleichbedeutend dem Urbegriff *brahman*, dem Namen der Schöpfung. In den Geheimlehren der Hindus, den *Upanishaden,* wird *om* mit einem Pfeil verglichen, dessen Spitze das Denken ist, und der, nachdem er auf den Bogen des menschlichen Geistes gelegt wurde, das Dunkel der Unwissenheit durchdringt und das Licht des höchsten Zustandes erreicht. Dabei wird das »o« als Kombination von »a« (identifiziert mit dem Wachbewußtsein) und »u« (Traumbewußtsein) aufgefaßt, während das »m« für das Tiefschlafbewußtsein steht. Das ganze zusammen aber bildet das Bewußtsein der vierten Dimension: der Erfahrung des Allumfassenden, die als das höchste Ziel des Menschen verstanden wird.

Auch wer für das hinduistische Denken nichts übrig hat, sollte das Morgengrauen über dem Tempel nicht verpassen, dessen Zauber gegen 7 Uhr wieder vergeht.

Auf dem Weg nach Norden kommt man noch einmal am Tempel vorbei; dann bleibt der Bratan-See zurück, und bald folgt rechts der Abzweig zum **Bali-Handara-Golfplatz**. Auf guter, aber mit zahlreichen »Geschwindigkeitsbrechern« gespickter Straße durchqueren wir das außerordentlich gepflegte Grün, das sich malerisch an die Wurzel des dschungelbewachsenen Kraterwalls, der auch den Bratan-See umfaßt, anlehnt. Viele Jahre hat es in Anspruch genommen, dieses ehemalige Waldareal umzuwandeln; unzählige Kilometer von Drainagerohren mußten verlegt werden, um die ständige Bespielbarkeit selbst nach heftigstem Monsunregen sicherzustellen.

Zur Hauptstraße zurückgekehrt, sieht man bald links die schillernde Wasserfläche des **Danu Buyan**, der sich am fotogensten auf dem folgenden Kilometer präsentiert, wenn die Straße am bewaldeten Kraterwall hinaufführt. Doch Vorsicht beim Aussteigen: Die Strecke wird in diesem Abschnitt von einer Horde aggressiver Affen unsicher gemacht, und Sie wären nicht der erste, den die biestigen Primaten in einen Wassergraben scheuchen …

Auf einer anschließend erreichten **Paßhöhe** (1 220 Meter über Meer) gabelt sich

Pura Ulun Danu, Heiligtum der Göttin des Meeres, im Bratan-See ▷

Dorfbewohner beim Reis-Dreschen

die Straße, man folgt dem linken Abzweig und schon bald bieten sich Ausblicke wie aus dem Flugzeug auf den See. Die Straße, die dem Grat des Kraterwalls folgt, ist eine der romantischsten der Insel überhaupt. Rechts fällt der Blick fast 4000 Fuß tief aufs Meer, links bilden scharlachrote Blütenbüschel exotischer Pflanzen eine Mauer. Tritt man näher, um das von Riesenbäumen beschattete Geflecht zu durchdringen, sieht man am Fuß des Steilhangs zwei opalfarbene, teils vom Dschungel überwucherte Seen – den Danu Buyan und den **Danu Tamblingan**.

Da wir uns nicht mit dem Draufblick begnügen wollen, folgen wir der Straße weitere sieben Kilometer. Mit einem allradangetriebenen Fahrzeug könnte man über eine extreme Piste den Danu Tamblingan erreichen, umwelt- und naturfreundlicher allerdings ist der dreieinhalb Kilometer lange Fußmarsch, der vorbei an kleinen Dörfchen und vereinzelten Gehöften steil hinabführt. Nach knapp einer halben Stunde zweigt in einer Ansiedlung mit einem *warung,* einem Kiosk, links der Weg zum Ufer ab, an dem ein kleiner Tempel steht.

Anschließend geht es zum Paß zurück. Dort fährt man links, dem Tiefland des Nordens entgegen und durch zahlreiche Gewürznelken-Plantagen. Die Nelkenbäume waren für die holländischen Kolonialherren »Geldbäume«, denn ihre getrockneten Knospen wurden auf den europäischen Märkten mit Gold aufgewogen.

Insbesondere die Molukken, die sagenhaften Gewürzinseln, erzeugten diese Spezereien; unzählige Schlachten wurden geschlagen, um in den Besitz des *cengeh* zu gelangen. Heute bringt ein Kilo Nelken gerade noch 15 000 Rupiah, und nur der geringste Teil geht in den Export. Das Gros des duftenden Stoffes wandert in die Zigarettenfabriken des Landes, wo er mit Tabak gemischt wird. Das Produkt heißt *kretek,* fast hundert Milliarden solcher Glimmstengel werden jährlich hergestellt und meist im Lande selbst verraucht. Jeder zweite Indonesier inhaliert am liebsten diese Art des blauen Dunstes. Wer kosten will, sollte an einem Kiosk eine Packung *Djarum* oder *Bentoel* erstehen und dann ganz vorsichtig einen Zug nehmen, denn die Zigaretten enthalten zwei- bis dreimal soviel Nikotin und Teer wie das konventionelle Rauchkraut und sind entsprechend stark.

Rund zwölf Kilometer jenseits des Passes, nun noch etwa 400 Meter hoch und aus dem Bereich der Nelkenpflanzungen schon wieder heraus, wird das Dörfchen **Gitgit** erreicht. Unterhalb des Hotels mit Restaurant auf der rechten Seite kann man parken. Auf der anderen Straßenseite führt ein Wanderpfad durch eine bilderbuchschöne Reisfeld- und Bananenstauden-Landschaft mit reizvoller Fernsicht aufs Meer. Hinter zahlreichen Souvenirshops schwenkt der Weg in ein Dschungeltal ab. Wo die Waldkluft endet, wehen weiße Schleier auf und stürzen sich gewaltige Wassermassen aus 20 Meter Höhe in ein Bassin aus schwarzem Fels. Angenehm erfrischt von einer Dusche unter dem kalten Schwall, genießt man anschließend im ringsum offenen Restaurant des Gitgit-Hotels sowohl das Essen wie auch das Panorama.

Nur wenige Minuten trennen noch von **Singaraja**, der rund 20 000 Einwohner zählenden Metropole des Nordens. Bis 1953 war sie Verwaltungshauptstadt der Insel und der gesamten Provinz Nusa Tenggara, die sich von Bali bis Timor nahe Australien hinzieht und alle Eilande des über 2 000 Kilometer langen Bogens der Kleinen Sundainseln umfaßt. Das hat Spuren hinterlassen: breite Straßen und eine Vielzahl administrativer Bauten, aber sehenswert ist Singaraja darum nicht, und so folgen wir, nach eventueller Besichtigung der historischen Bibliothek, den Hinweisschildern »Lovina Beach« durchs Zentrum nach Westen. Inmitten eines Kreisverkehrs erhebt sich auf einer steinernen Säule *Garuda,* der Göttervogel der indischen Mythologie und das Wappentier der Republik Indonesien, deren Signum er in den Fängen hält: *Bhinneka Tunggal Ika,* Einheit in der Vielfalt, lautet das Motto. Und die fünf im Wappen enthaltenen Symbole stehen für *Panca Sila,* die fünf Grundpfeiler dieses Staates. Der Stern repräsentiert den Glauben an einen allmächtigen Gott, der Büffelkopf steht für Demokratie und Volkssouveränität, der Banyan-Baum versinnbildlicht die Kontinuität der Generationen und der Humanität, Reisähren und ein Baumwollzweig (gleich Nahrung und Kleidung) veranschaulichen die Grundlagen sozialer Gerechtigkeit.

Fischer an der Lovina Beach

Pompös und autoritär sieht dieses Bauwerk aus und entspricht damit der diktatorischen, vom Militär getragenen Staatsmacht. Trotz aller berechtigten Kritik an dem Modell der Gelenkten Demokratie gibt es dazu bisher keine Alternative, die geeignet wäre, ein derart großes und vor allem maßlos heterogenes Gebilde wie Indonesien zusammenzuhalten. Wie soll man ein Land regieren, das aus über 13 600 Inseln besteht, das – auf eine Europakarte projiziert – von Irland bis zum Ural, von Helsinki bis nach Sizilien reichen würde; ein Land, in dem über 450 verschiedene ethnische Gruppen leben, die mehr als 600 unterschiedliche Sprachen (nicht Dialekte) sprechen, allen Hochreligionen dieser Erde (mit Ausnahme des Judentums) anhängen, und in dem sich zwischen prähistorischer und industrieller Lebensgestaltung das ganze Kaleidoskop der menschlichen Geschichte ausbreitet? ■

9. Tag – Route: Lovina Beach – Tanah Lot – Kuta/Legian (130 km)

Mit öffentlichen Verkehrsmitteln: Bemo ab Lovina bis Banjar, ab dort ca. 2 km zu Fuß bis zum buddhistischen Tempel und 2 km weiter zu den heißen Quellen, dann 3 km zurück zur Hauptstraße. Ab hier (und ab Lovina Beach) zahlreiche Busse und Bemos (nach links), die über Seririt und Pupuan, Antosari und Tabanan Richtung Denpasar fahren. Für Tanah Lot an der ausgeschilderten Kreuzung aussteigen, umsteigen ins Bemo nach Kediri, ab dort Anschluß zum Tempel. Nach Kuta/Legian kommt man nach Sonnenuntergang nur mit gemietetem Bemo (ca. 20 000 Rupiah); sonst zurück nach Kediri, ab dort Bemo nach Denpasar Ubung-Terminal, weiter zum Tegal-Terminal mit Anschluß nach Kuta und Legian.

9. Tag – Route: Lovina Beach – Tanah Lot – Kuta/Legian (130 km)

km	Zeit	Route
	5.00 Uhr	Start einer **Delphin-Tour** im Auslegerboot ab Lovina Beach, anschließend evtl. Riffschnorcheln
0	11.00 Uhr	Abfahrt von Lovina Beach; von der Hauptstraße rechts ab und nach ca. 6 km bei Tangguwesia links den Schildern »Brahma Vihara/Air Panas« folgen, an der Straßengabelung bei Banjar (rechts geht es zu den heißen Quellen) geradeaus zum
9		**Brahma Vihara-Arama**, dem einzigen buddhistischen Tempel und Kloster der Insel; zurück zur Straßengabelung und jetzt links
11	12.30 Uhr	Besuch der **Air Panas**, der heißen Quellen, evtl. Bad in den vom Dschungel gesäumten Auffangbecken; anschließend Mittagessen im **Komala-Tirta-Restaurant** nahe den heißen Quellen
	14.00 Uhr	Fahrt über das Rückgrat der Insel Richtung Süden; zurück auf der Hauptstraße nach links, bei Seririt wieder links (ausgeschildert »Denpasar 91 km«) und über Pupuan nach
63	15.30 Uhr	**Antosari**, ab hier auf dem »Bali-Highway« nach links
79		Tabanan
85		Abzweig rechts vom »Highway«
98		Tempelheiligtum **Tanah Lot** am Meer; Klippenspaziergang und
	ab 18 Uhr	Beobachtung des Sonnenuntergangs
116		Straßengabelung hinter **Kapal** halb rechts Richtung »Kuta« (eine skulpturengeschmückte Verkehrsinsel markiert die Kreuzung)
130	20.00 Uhr	**Kuta/Legian**, größtes Touristenzentrum der Insel (alternativ Übernachtung in Sanur, Nusa Dua, Ubud oder Yeh Panas, vgl. S. 95); an der Kreuzung mit Verkehrsinsel rechts auf die Jl. Pantai Kuta, die direkt zur Uferpromenade führt, wo die besten Hotels liegen; wenn die Straße wieder landeinwärts abbiegt, beginn die Jl. Melasti mit den preisgünstigen Herbergen.

9. Tag – Informationen

Delphin-Tour

»See how you like jumping dolphins!« – Diesen Spruch oder ganz ähnliche hört man hundertmal am Tag an der Lovina Beach. Angeboten wird eine 3–4stündige Fahrt im Auslegerboot zu einer rund 9 km vor der Küste gelegenen Abbruchkante im Meer, über der – wie es heißt – allmorgendlich große Delphinschwärme auftauchen, die sich um so wilder gebärden, je klarer der Himmel ist. Wir waren skeptisch, doch hinterher begeistert. »Buchen«, also einfach zusagen, am besten nicht in den Bungalowanlagen, sondern am Strand bei den Skippern selbst bzw. deren Kindern am Nachmittag/Abend zuvor. Abfahrt morgens zwischen 5 und 6 Uhr, kleines Frühstück ist im Preis von umgerechnet 8–10 DM/Person inbegriffen.

Wer nach der »Flipper-Show« schnorcheln gehen möchte, sollte dies schon

9. Tag – Informationen

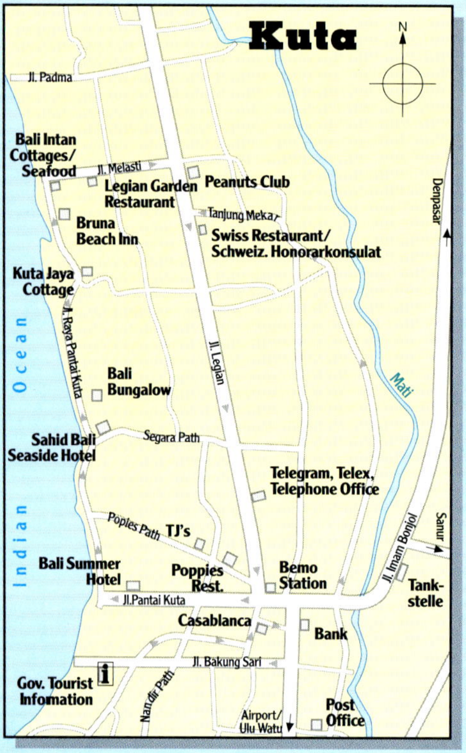

tags zuvor kundtun und sich in seiner Unterkunft eine Ausrüstung besorgen.

Brahma Vihara-Arama
Nahe der Durchgangsstraße und dem Ort Banjar in reizvoller Landschaft gelegenes buddhistisches Kloster (ausgeschildert), als solches ein Unikat auf Bali und in Indonesien schlechthin. Ein (geführter) Rundgang durch die reich ausgestatteten Räumlichkeiten der Anlage vermag auch Tempelmuffel zu begeistern. Zwischen Nov. und Febr. werden hier in der Regel mehrtägige/-wöchige Kurse in buddhistischer Meditation abgehalten (von einem tibetischen Rimpotsche).

Air Panas/Heiße Quellen
An der Durchgangsstraße sowie in Banjar ausgeschildert
Heiße Quellen mit gepflegten Badebassins inmitten einer kleinen üppigen Dschungelschlucht. Die Wassertemperatur ist überaus angenehm, der Wald lädt zu kleinen Spaziergängen ein.

Komala-Tirta-Restaurant
Luftige Pfahlbaukonstruktion über den heißen Quellen, höchst romantisch in die Dschungelschlucht eingebettet. Indonesische Speisen, gut und günstig.

Gebirgsstraße
Die gesamte Strecke zwischen Seririt im Norden und Antosari im Süden, wo die Straße auf den »Bali Highway« mündet, ist eine landschaftliche Sehenswürdigkeit und bietet noch einmal all das, was man während der vergangenen Tage auf Bali kennen und schätzen gelernt hat. Die Straße liegt abseits vom Tourismus, die Menschen sind sehr traditionsverbunden, und mit etwas Glück lassen sich hier bunte Tempelprozessionen beobachten, vielleicht wird man auch eingeladen, an Festlichkeiten teilzunehmen.

Tanah Lot
Am Ende einer Stichstraße ab »Bali Highway« westlich Tabanan (ausgeschildert) am und im Meer auf einer Felsklippe gelegenes Heiligtum. Wegen der reizvollen Lage wahrscheinlich das meistfotografierte der Insel. Beim stimmungsvollen Sonnenuntergang hallt der Ort von den begeisterten »Aahhs« und »Oohhs« der Besucher wider. Tagsüber präsentiert sich die Stätte leider als Rummelplatz. Doch auch wer Menschenmassen nicht mag, sollte sich den Besuch nicht nehmen lassen, denn gen Osten und Westen verlaufen vom Tempel aus und entlang spektakulärer Klippen wenig begangene Pfade zu atemberaubenden Aussichtspunkten und versteckten Buchten.

9. Tag – Informationen: Kuta/Legian

»Bali? – That's a great place near Kuta, and Kuta's a big-fucking Aussie-city!« – brachte es ein Surfer mal auf den australischen Nenner.

In der Tat scheint Kuta, eine kilometerlange Urbanisation parallel zur Küste, die größte »Stadt« außerhalb des roten Kontinents zu sein. Es gibt hier manche Häßlichkeit – baulich und auch sonst –, aber Tatsache ist auch, daß sich Kuta, vor rund 25 Jahren von den sogenannten Hippies entdeckt, bei Reisenden aus aller Herren und Frauen Länder allergrößter Beliebtheit erfreut.

Das ist den teils ganz ausgezeichneten Hotels zu verdanken, den Restaurants und Diskos, dem absolut gigantischen Einkaufs-Angebot, den – nach internationalem Standard – relativ günstigen Preisen, aber insbesondere auch dem schier unendlich langen und überbreiten Strand, der sich – teils im Promenaden-, teils im Palmensaum, teils proppenvoll, teils menschenleer – von Kuta aus gen Westen erstreckt.

Zum Schwimmen und Baden ist das Meer hier nur sehr bedingt geeignet (gefährliche Brandung, lebensgefährliche Strömungen), aber zum Sonnen reicht's allemal, und Wellenreiter erfreuen sich hier an den besten Surfbedingungen ganz Asiens.

Wen Kutas Schattenseiten abschrekken – und so geht es vielen ruhebedürftigen Reisenden –, der kann nach Sanur (12 km; s. S. 25 und nachfolgende Route) oder Nusa Dua (14 km; s. S. 25 und nachfolgende Route) ausweichen oder – falls der Wunsch nach Strand nicht im Vordergrund steht – auch nach Ubud (35 km; s. S. 75 ff.) bzw. Yeh Panas (s. S. 95).

Unterkunft

Dieses Thema wurde auf Seite 24 f. bereits erschöpfend behandelt. Während der Saison (Juli/Aug. und Dez./Jan.) sollte man so früh wie möglich, mindestens aber 1–2 Tage vor Anreise, ein Zimmer reservieren (auch telefonisch).

Restaurants

Zu jedem Hotel, jeder Bungalowanlage und noch jedem Losmen gehört ein Restaurant, zusätzlich gibt es noch mehrere hundert, die keinem Übernachtungsbetrieb angeschlossen sind. Die Trattorias und Grillrooms, Pizzerias und Biergärten, Rotisserien, Bistros, Bräustüberl und Steakhouses wechseln so schnell ihre Besitzer und Köche, wie sie aus dem Boden schießen bzw. wieder in Konkurs gehen. Generell bieten die Restaurants der internationalen **Top-Hotels** (fast alle entlang der Strandpromenade Jl. Pantai Kuta) absolut erstklassige Gerichte der indonesischen, chinesischen, indischen, europäisch-amerikanisch-australischen und japanischen Küche in stets erlesenem Interieur und »typisch balinesischem« Ambiente. Die Preise sind hoch, fast mitteleuropäisch, aber das versteht sich von selbst.

Im unteren Bereich sollten die zahlreichen **Eßstände** erwähnt werden, die sich tagsüber und insbesondere in den Abendstunden entlang fast aller Straßen (Ausnahme: Strandpromenade) finden und typisch balinesische Gerichte zu günstigen Preisen in aber nicht gerade idyllischer Umgebung bieten.

Über Jahre hinweg haben sich folgende Restaurationsbetriebe als beständig erwiesen: das **Poppies** in der Poppies Lane (stilvolles Gartenrestaurant mit großer Vielfalt an mittelteueren Gerichten aus den Küchen der Welt), das **Swiss Restaurant** an der Jl. Legian (Treffpunkt heimwehkranker Eidgenossen, in dem balinesische und Schweizer Küche in Symbiose leben), das **TJ's** in der Poppies Lane (Mexikanisches vom Feinsten in komfortabler Rattanumgebung, herrliche Salate), das **Seafood** an der Ecke Strandpromenade mit Jl. Melasti (frischeste Meeresfrüchte zu saftigen Preisen) und auch das **Legian Garden** an der Jl. Melasti (gute und günstige indonesische Gerichte in auf romantisch getrimmter Atmosphäre).

9. Tag – Informationen: Kuta/Legian

Nightlife
Was Torremolinos oder Playa del Inglés für die Europäer, das ist Kuta für die Australier: das Vergnügungszentrum »vor der Haustür«. Entsprechend herrscht allnächtlich auch *Saturday night fever*, und aus gigantischen Soundmaschinen dröhnt Video-Clip-unterstützt, was zur Zeit auf dem Musikmarkt »in« ist.

Schmelztiegel der Lust am Tanzen und Sich-Bedröhnen-Lassen sind u. a. das **Casablanca** (Jl. Bunisari), der **Peanuts Club** (Jl. Legian), wohingegen das **Chez Gado Gado** (nahe Oberoi-Hotel am Meer; hin am besten per Bemo/Taxi), in dem mehrmals wöchentlich große Partys veranstaltet werden, schon einen relativ exklusiven Ruf genießt.

Tanzdramen werden auf zahlreichen Touristenbühnen in und um Kuta allabendlich aufgeführt. Da die Darbietungen in qualitativer Hinsicht zwar durchweg gut, aber wenig stimmungsvoll sind, empfiehlt es sich, bei lokalen Reiseagenturen (Büros findet man überall) Tickets für außerhalb stattfindende Veranstaltungen zu kaufen, wobei der Preis in der Regel auch Hin- und Rückfahrt einschließt.

Einkaufen
Ob nun Blasrohre aus Irian Jaya, Ikat-Webarbeiten aus Flores, Megalithskulpturen aus Sumba, Zauberstäbe aus Sumatra, Raubkassetten aus Jakarta, Batiken aus Java: in den Tausenden Geschäften von Kuta und Legian ist neben dem, was auf Bali selbst produziert wird, auch all das wohlfeil, was der Archipel insgesamt an diesen Artikeln zu bieten hat. Aber auch aus Hongkong und Thailand, Macao und Indien, China und Japan werden Waren importiert; die Haute Couture aus Paris und Rom ist ebenso vertreten wie der bonbonbunte Firlefanz, der hier von Alt-Hippies aus Ibiza kreiert wird und wie warme Semmeln weggeht. Wer gern einkauft, der hat hier das Paradies gefunden, und wer die Kunst des Feilschens beherrscht, kann wirklich Schnäppchen machen.

»Rent a boy/girl«
Zwar fliegt der »Bumsbomber« bekanntlich nach Bangkok, um dann als »Tripperclipper« zurückzukehren, aber der Sextourismus jedweder Couleur ist drauf und dran, sich auch auf Bali ein käufliches Paradies zu schaffen. Eingeleitet wurde der Trend aber ausnahmsweise mal nicht vom liebestollen Reisemann aus europäischen Landen, sondern von australischen Schönen, die dem Charme der balinesischen Beachboys erlagen. Der Grund, warum dieses heikle Thema hier überhaupt gestreift wird, ist dieser: wie es heißt, sind neun von zehn Prostituierten (jedweden Geschlechts) mit AIDS infiziert.

Government Tourist Information
Ecke Jl. Bakung Sari/Jl. Raya Kuta
✆ 75 14 19
Mo–Sa 8–15 Uhr
Bunte Broschüren zu Bali, ein Festtagskalender, sonst nicht viel.

Sicherheit
Die Kriminalitätsrate eines Urlaubsortes wächst bekanntlich proportional zur Besucherzahl, und auf Kuta ist sie somit extrem hoch. Einbrüche in Hotelzimmer sind häufig (und dies auch tagsüber, wenn der Dieb den Gast am Strand weiß); in den Bemos und auf den Straßen haben die Taschendiebe leichtes Spiel, und auch bewaffnete Raubüberfälle (insbesondere auf Nachtschwärmer) sind vermehrt zu beklagen. Wertgegenstände also unbedingt den Hotelsafes anvertrauen, ansonsten die üblichen Sicherheitsmaßnahmen ergreifen (s. S. 179). Wenn etwas passiert ist, den Schaden sofort melden: beim

Kantor Polisi
Jl. Raya Kuta
✆ 75 15 98

Zeitsprung in den Süden
Von Lovina Beach nach Kuta

Erst war der Himmel schwarz, doch von transparenter Tiefe. Dann ging blendend der Morgenstern auf, und schließlich näherte sich der Tag mit violetten Schatten. Jetzt verläuft eine feine Spur Orange am Horizont, und gleich darauf flutet leuchtendgelbes Licht in breiten Streifenbahnen über das Meer. Plötzlich durchstoßen überall Delphine die Wasseroberfläche, krümmen sich und sinken wieder hinab, um entlang der Abbruchkante zur Tiefsee, über der das Boot dümpelt, nach einer Mahlzeit Ausschau zu halten. Der Skipper lächelt, er ist sich eines guten Trinkgeldes sicher. Bevor es in küstennahe Gewässer zurückgeht, bietet er seinen Passagieren ein Bali-Frühstück – Reiskuchen, gebackene Bananen und Kaffee – auf hoher, vom Land rund acht Kilometer entfernter See. Dann wirft er den Außenborder wieder an, und knatternd durchpflügt das vier Meter lange, dabei nur einen halben Meter breite, aber von Auslegern gesicherte Gefährt die Wasserfläche. Fliegende Fische springen mit rasender Geschwindigkeit vorbei.

Sonnenaufgang über Lovina Beach

Wenn das Boot eine Stunde später im Küstenbereich seine Fahrt verlangsamt, kann man schon von Bord aus die geheimnisvolle Welt des Korallenriffs beobachten. Aber das ist nichts gegen das, was man beim Tauchen zu sehen bekommt. Korallenpolypen, nur wenige Millimeter große Kleinlebewesen, sind die Baumeister des Riffs, denn in äonenlanger Vermehrung haben sie es mit den selbstgeschaffenen Kalksteingehäusen, in denen sie leben, errichtet. Jahr für Jahr wuchs das Bauwerk um rund einen Zentimeter an, aber jetzt setzen ihm Korallenjäger zu, nicht zu vergessen die Dynamitfischer, und langsam stirbt, was Jahrtausende zum Werden brauchte. Die eigentlich bunten Tentakel, mit deren Hilfe die Polypen das mikroskopisch kleine Plankton fangen, präsentierten sich dann nur noch als graue, tote Gebilde.

Aber auch lebende Abschnitte sind noch zu finden, wo Heerscharen leuchtend gefärbter Meerespflanzen im Atemtakt des Wassers hin und her wogen, Dutzende Arten exotischer Fische wie bunte Wimpel vorbeiflattern. Orange, Indigo und Scharlach, Purpur, Violett und Gold fallen durcheinander wie die Glassplitter eines Kaleidoskops; Röhrenwürmer entfalten gefiederte Spiralen, Gebilde wie Teller, Blumen oder Pilze werden belebt von den erstarrten Feuerwerkssternen der Seeigel und Myriaden anderer bizarrer Geschöpfe.

Dann geht es wieder an Land. Das erste Ziel der heutigen Route ist der **Brahma Vihara-Arama**, ein Unikat auf Bali und in Indonesien schlechthin. Es handelt sich um ein buddhistisches Kloster und damit um ein letztes Relikt jener kulturell so überaus schöpferischen Epoche, die – von indischen Mönchen und Händlern getragen – im Malaiischen Archipel schon um die Zeitenwende einsetzte und auf der Nachbarinsel Java unter anderem das Weltwunder des Borobudur-Tempels hinterließ. Auf Bali konnte buddhistischer Einfluß ab 700 n. Chr. nachgewiesen werden, aber spätestens vom 10. Jahrhundert an wurde die Seinslehre des Erleuchteten vom Hinduismus überlagert und assimiliert. Das war problemlos möglich, denn den Hindus galt und gilt *Buddha* als Erscheinung von *Vishnu*. Die ostjavanischen Könige, die ja auch Bali beeinflußten, sahen die beiden Religionen als unterschiedliche Wege zu demselben Ziel an: der Befreiung des Menschen aus dem Kreislauf der Wiedergeburten durch die Einsicht, daß die Welt der Erscheinungen nur *maya* ist, eitler Schein. So findet man auf Bali noch zahlreiche Buddhastatuen, und bei der Krönung eines Königs mußte bis in unsere Tage hinein neben den Brahmanen-Priestern auch ein *pedana boda* zugegen sein, ein Priester, der zwar kein Buddhist ist, aber Buddha verehrt. Wie sehr hier die beiden Hochreligionen miteinander verflochten sind, zeigt sich am Klosterbau, denn auch da führt ein gespaltenes Tor in das Heiligtum, und der figurale Schmuck gleicht dem anderer Hindu-Tempel. Ja der Synkretismus geht so weit, daß der Abt des Klosters (der zur Zeit auch der einzige Mönch ist) heute wie in der Vergangenheit aus den Reihen der höchsten balinesischen Hindu-Priester stammt.

Ein Führer öffnet einen rotgoldenen Raum nach dem anderen, denn ein buddhistischer Tempel besteht aus Räumen. Geduldig zeigt und erläutert er Statuen und Requisiten und erklärt auch gern die Bedeutung der hier allgegenwärtigen *swastika,* des Hauptsymbols des Buddhismus und Hinduismus (für uns ist es ein rechtsdrehendes Hakenkreuz), um das sich alles dreht. Sein Zentrum stellt das Eine dar, das Absolute; die Arme stehen für die Polaritäten und sie besa-

Relikt aus buddhistischer Zeit: das Kloster Brahma Vihara-Arama ▷

Sammâ Samâdhi
Sammâ Sati
Sammâ Vayâmâ
Sammâ Ajiva
Sammâ Kammanta
Sammâ Vaca
Sammâ Sankappa
Sammâ Ditthi

gen gleichzeitig, daß das Eine dies mit umfaßt, daß also der Uranfang mit seinen Ausprägungen verbunden ist. Die Haken letztlich symbolisieren den Kreislauf, das Lebensrad, bestehend aus Geburt, Tod und Wiedergeburt. Das Hakenkreuz war allen Urvölkern der Welt bekannt (nur denen von Australien und Südafrika nicht). Den Germanen galt es als das Zeichen für Thor; Schliemann fand Mauerreste vor Troja, auf denen es eingemeißelt war; die Azteken, Mayas und Inkas verehrten es. Vielleicht ist es mehr als ein von Menschen geschaffenes Symbol, oder, wie C. G. Jung sagt: ein Archetyp, also eine »Gestalt«, die im Geist aller Menschen als Teil einer der Menschheit gemeinsamen Erbschaft existiert.

Das nächste Ziel sind die **Air Panas**, die »heißen Quellen«. Vom ausgeschilderten Parkplatz sind es noch 200 Meter bis zu der Anlage (Badesachen nicht vergessen). Aus den gemauerten Becken, in die sich die Wasser der heißen Quellen ergießen, steigt Dampf auf. Sauber und gepflegt liegt das Refugium in einer kleinen Dschungelschlucht. Es ist ein Hautkitzel der besonderen Art, sich in den Bassins zu erhitzen, dann herauszuklettern und trotz Tropenwärme ein flüchtiges Frösteln zu erfahren.

Anschließend essen wir im Komala-Tirta-Restaurant zu Mittag, bevor es nach Süden geht. Man könnte auch den langen Westarm von Bali umrunden, würde aber auf der Strecke von insgesamt rund 187 Kilometern kaum mehr als Reisfelder sehen. Unsere Straße über das gebirgige Rückgrat der Insel hat dagegen noch einige Highlights zu bieten: zum Beispiel herrliche Ausblicke auf erst sanft, dann steil ansteigende Terrassen-

Buddha-Bildnis im Brahma Vihara-Arama

Die Dämonenfigur dient als Hausaltar ▷

Blumen für ein Tempelfest

hänge, über denen die Kegelgipfel unzähliger ehemaliger Vulkane aufragen. Bald sieht man auch den Gunung Batukau, dann klaffen tiefe Schluchten beiderseits der kurvenreichen und von Fremden nur selten befahrenen Straße, die immer wieder auch kleine Dörfer passiert. Hier leben die Menschen noch ruhig, eingebettet in ihre Traditionen.

Die Chancen, einen reich geschmückten Tempel zu sehen, in dem gerade ein *Odalan*-Fest gefeiert wird, stehen gut. Zum Anlaß eines solchen »Geburtstages«, als Jahrestag der Tempelgründung, werden riesige Arrangements von Früchten und Blüten zwischen Räucherstäbchen als Opferspeise für die Götter aufgebaut. Männer, Frauen und Kinder haben ihre besten Kleidungsstücke angezogen, meist golddurchwirkte *sarongs* (Wickelröcke), und wer das Glück hat, zu solch einer Feier eingeladen zu werden, der wird ebenfalls einen Sarong tragen. Dann gehört er quasi dazu und kann in Ruhe die Zeremonien beobachten, in denen die Priester unter anderem die Opfergaben mit Wasser segnen und mit Weihrauch befächeln, wodurch die geistige Essenz der symbolischen Speisen den Göttern zukommen soll.

Diese Feste atmen Gemeinschaftsgeist, und kaum ein ausländischer Besucher ist gegen die Sehnsucht gefeit, ebenso im Kollektiv aufgehen, das Ich angesichts des großen Wir vergessen zu können. Aber es wird kaum gelingen, denn wir sind Kinder einer diametral entgegengesetzten Welt. Der Osten verwandelt die Natur in Geist, so daß sie mit dem Geist des Menschen eins wird, der Westen aber enthüllt den Geist des Menschen als Natur. Zwei völlig unterschiedliche Wege zu – theoretisch – wohl einem Ziel. Aber während sich der Westen in unendlich kleinen Mikrostrukturen verzettelt und nichts findet als immer wieder erneut noch Teilbares, versucht der Osten das unzerstückelte Ganze zu erfassen.

Der Westen könnte viel von den fernöstlichen Philosophien lernen, wie auch der Orient vom Okzident befruchtet werden könnte. Aber leider trachtet der Osten zur Zeit nur danach, den Westen nachzuahmen. Was der Menschheitsentwicklung im Sinne eines geistigen Fortschritts Not tun würde, das wäre ein Akt der Assimilation, der das spaltende Denken des Westens und das ganzheitliche Erfassen des Ostens in Einklang brächte.

Von Kilometer zu Kilometer wird die Landschaft lieblicher, Reisterrassen-Hügel säumen den Tropenweg, der schließlich bei **Antosari** in den »Bali-Highway« mündet, jene stark frequentierte Straße, die Gilimanuk, den Fährhafen für Schiffe von Java, mit Denpasar verbindet. Man muß sich konzentrieren, um im herrschenden

Tempelfest Odalan am Tanah Lot ▷

Fruchtige Opfer für Götter und Dämonen

Tohuwabohu des scheinbar regellosen Verkehrs zurechtzukommen, und ist heilfroh, dem blechernen Durcheinander 22 Kilometer weiter, hinter Tabanan wieder zu entkommen.

Auf den nächsten Kilometern geht es durchs Flachland der südlichen Küstenebene bis zum Straßenende mit mehreren fußballfeldgroßen Parkplätzen. Der Andrang ist enorm, Platzeinweiser walten ihres Amtes, und nachdem man sich durch Einkaufsstraßen hindurchgemüht hat, liegt vor einem die berühmteste und am meisten fotografierte Tempel-Silhouette Balis, vielleicht Südostasiens. Romantisch ragt der (bei Flut) gischtumbrandete Tempel **Tanah Lot** auf, der ein bizarr geformtes Felsenriff bedeckt und maßgeblich dafür verantwortlich sein soll, daß die Dämonen der Unterwelt, die im Meer zu Hause sind, die Insel seit nunmehr fast 900 Jahren verschont haben. Aber die Atmosphäre ist alles andere als romantisch, es geht zu wie auf einem Rummelplatz. Wer Ruhe sucht, sollte einem bei den Aussichtsrestaurants beginnenden und nach links, gen Osten führenden Klippenpfad folgen. Dann hat man schon wenig später das mit hoher Dünung heranbrandende Meer, die dunklen Klippen und versteckten Buchten ganz für sich allein. Höhepunkt des Tages ist die Beobachtung des Sonnenuntergangs am Tanah Lot von unserem Panoramaplatz 50 Meter über dem Meer. Bei der Weiterfahrt im Dunklen muß

man sich daran gewöhnen, daß längst nicht jeder mit Licht fährt, dafür aber manch einer mit Fernlicht. Wir umgehen auf einer Nebenstraße Denpasar, das auch zu dieser Stunde einem Nadelöhr gleicht. Wer allerdings den Abzweig verpaßt, muß 26 Kilometer bis Kuta zurücklegen. Nach rund neun Kilometern über den stockdunklen Asphalt passiert man den Abzweig zum Oberoi-Hotel, dann liegt das Lichtermeer der Jalan Legian voraus, und bald ist auch Kuta erreicht, Lichtjahre von dem entfernt, was wir unterwegs als Bali kennengelernt haben. ■

Die meistfotografierte Tempelsilhouette Balis: Tanah Lot

10. Tag – Route: Kuta/Legian – Denpasar – Sanur – Nusa Dua – Ulu Watu – Kuta/Legian oder Sanur/Nusa Dua (74 km)

km	Zeit	Route
	Vormittag	Besuch des Kuta-Strandes, anschließend Bummel durchs Touristenzentrum; Mittagessen
0	13.00 Uhr	Abfahrt nach
10		**Denpasar**, Inselhauptstadt; Besuch des Puputan-Platzes und des Bali-Museums
17	15.00 Uhr	**Sanur**, zweitgrößtes und -beliebtestes Ferienzentrum der Insel
42		**Nusa Dua**, das wahrscheinlich komfortabelste Touristenghetto Asiens. Weiter über Bualu und Pecatu zum
60	17.30 Uhr	**Pura Luhur Ulu Watu**, hoch über dem Meer und dem Südkap der Insel auf Felsklippen gelegener Tempel
74		**Kuta/Legian**, alternativ Sanur, Nusa Dua oder Ubud

Mit öffentlichen Verkehrsmitteln: Von Kuta aus verkehren pausenlos Bemos zum Tegal-Terminal in Denpasar. Das Zentrum mit Tanah Lapang Puputan erreicht man von dort am einfachsten per Stadt-Bemo, das in Richtung Kereneng-Terminal fährt. Ab Kereneng dann auch Bemos nach Sanur und von dort nach Nusa Dua. Von beiden Orten aus ist Ulu Watu mit öffentlichen Verkehrsmitteln nicht zu erreichen, es gibt auch keine Querverbindung nach Kuta. Vom Tegal-Terminal in Denpasar verkehren zwar sporadisch Bemos nach Ulu Watu, aber meist nur an Feiertagen.

10. Tag – Informationen

Tanah Lapang Puputan
Jl. Gajah Mada
Denpasar
Das geographische Zentrum von Balis Hauptstadt, die all das vereint, was man sich unter Bali nicht vorstellt, ist auch ihr historisches: Hier am großen Hauptplatz des damaligen Badung, stürzten sich im Jahre 1906 Tausende Balinesen in den rituellen Amokkampf gegen die Holländer. Von diesem dramatischen Ereignis, das Balis Unfreiheit besiegelte, zeugt heute ein mächtiges Denkmal.

Bali-Museum
Tanah Lapang Puputan, Ostseite
Denpasar
Di–Do und So 8–14, Fr bis 11, Sa bis 12.30 Uhr
1932 von den Holländern in balinesischer Palastarchitektur errichtetes Museum, das als Kompendium balinesischer Kultur gilt und auch zahlreiche Funde aus allen Epochen der Insel beherbergt. Wer freilich Balis lebende Kultur kennengelernt hat, der kann angesichts der steril konservierten Exponate schnell Langeweile empfinden.

Sanur
So chaotisch, wie sich Kuta präsentiert, so mondän gibt sich Sanur, die – gemessen an den Besucherzahlen – Nummer zwei der balinesischen Ferienzentren.

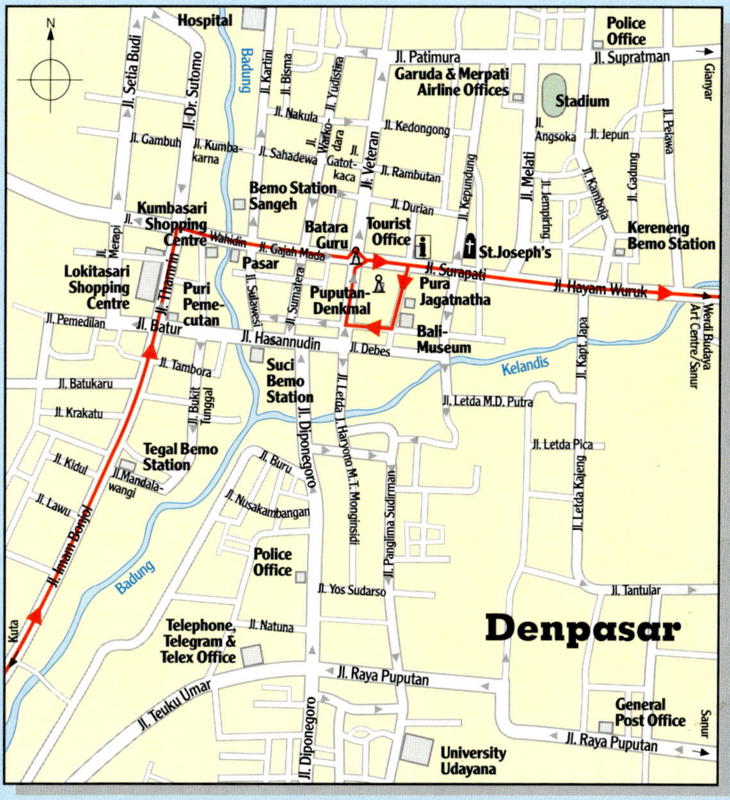

10. Tag – Informationen

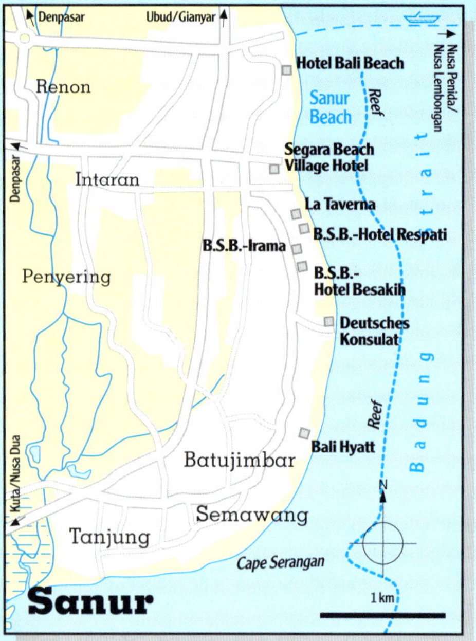

sagen, daß man in Indonesien nur wenige Profanbauten findet, die sich in architektonischer Hinsicht so ästhetisch präsentieren wie diese. Ein Sightseeing-Rundgang ist durchaus lohnenswert. Nur den Club Mediterranée sollte man möglichst aussparen, denn die Prozedur, die man über sich ergehen lassen muß, um als Nicht-Mitglied hineinzukommen, ist so langwierig wie lächerlich.

Pura Luhur Ulu Watu
76 m hoch thront dieses Heiligtum der Meeresgöttin über dem Südkap der Insel. Das Panorama ist schlicht umwerfend, die Wellen des Indischen Ozeans, die in der Tiefe an die Klippen branden, gehören mit zu den höchsten der Welt und sind den Cracks der surfenden Zunft das Nonplusultra in Asien. Es gibt keinen Ort weit und breit, von dem aus sich der Sonnenuntergang himmlischer präsentieren würde und der besser geeignet wäre, eine Rundreise über die »Insel der Götter« ausklingen zu lassen.

Den Strand säumen edle Hotelanlagen, deren teils sehr ästhetischen Gebäude sich harmonisch in üppige Tropenparks einfügen. Zwar ist es hier zum Baden und Schwimmen nicht gerade ideal (sehr stark gezeitenabhängig), aber viele Touristen, meist pauschal angereist, bevorzugen ohnehin das Entspannen am Swimmingpool. Ein wenig Nachtleben gibt es auch, aber dezent, der Besuch von kulturellen Darbietungen wird bevorzugt.

Nusa Dua
»Instant-Bali, gefriergetrocknet und steril verpackt« – hier ist es. Die supercoole Atmosphäre in diesem riesigen Touristenghetto (das u. a. auch als eines der sichersten der Welt gilt, eben drum auch bei Politikern sowie beim Jetset sehr beliebt ist) kann einem schon mal bei aller Tropenwärme das Frösteln lehren. Zur Ehre der aus mehreren »Ultratop«-Hotels bestehenden Anlage ist aber zu

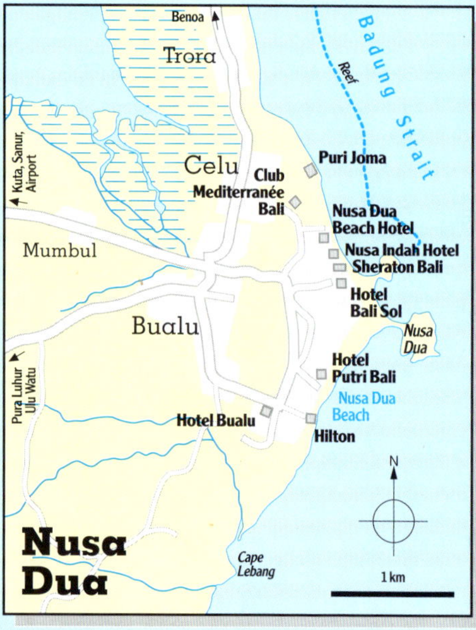

Andere Welten: der Inselsüden

Vor elf Uhr ist in Kuta nichts los, und da man an den vergangenen Tagen früh aufstehen mußte, wird man heute gern einmal ausschlafen. Dann könnte man zum Strand gehen. Zu dieser Stunde dröhnt auf der Promenadenstraße der Verkehr, das gleißende Licht ist ohne Sonnenbrille kaum zu ertragen und der Sand so heiß, daß man sich tänzelnd in den Schatten eines Baumes rettet. Kaum haben wir unser Handtuch ausgebreitet, hält uns jemand einen eiskalten Drink unter die Nase. – »You want?« – Wir wollen. Das war ein Fehler. Denn jetzt kommt ein ganzes Dutzend Verkäufer auf uns zu, die hoffen, daß wir auch noch andere Dinge brauchen: »You want Sarong?, Icecream?, T-Shirt?, Woodcarving?, Rings, neckless and diamonds?« – »Nooo ...!«
Das Ende der Geschichte ist immer das gleiche: entweder man springt auf und flieht ins Meer – denn nur da hat man wirklich Ruhe –, oder man ergibt sich in sein Schicksal. Falls man sowieso noch das eine oder andere Souvenir erstehen will, muß das auch gar kein Fehler sein, denn die Waren der Strandverkäufer sind gut, nach Handeln auch relativ preiswert. Und ganz nebenbei erkauft man sich so seine Ruhe, denn sind erst ein paar Geschäfte getätigt, wird man fairerweise auch (meist) sich selbst überlassen.

Wer aber die Flucht ins Meer bevorzugt, sollte vorher das Terrain sichten

Souvenirverkäufer

und nur da ins Wasser steigen, wo bewachte Badezonen ausgeschildert sind. In anderen Abschnitten herrschen teils lebensgefährliche Unterwasserströmungen oder die Kraft der Brandungswellen ist so stark, daß Hautabschürfungen und Verstauchungen das mindeste sind, was man sich dort zuziehen kann. Dann wieder gibt es Ecken, die ausschließlich den Surfern vorbehalten sind, und wer sich um diese Regelungen nicht kümmert, begibt sich in Lebensgefahr.

Zehn Kilometer sind es von Kuta bis **Denpasar**. Nachdem man sich durch die Kehrseite des Fortschritts im Schrittempo hindurchgemüht und reichlich Elendsquartiere nebst maroden Betonhäßlichkeiten zu sehen bekommen hat, liegt vor einem das Zentrum, markiert durch den

Mitten im dröhnenden Verkehr: Batara Guru-Statue in Denpasar

Tanah Lapang Puputan. Am Nordrand des Wiesenplatzes mit einigen Bäumen ragt das aus einer stilisierten Lotosknospe herauswachsende Puputan-Denkmal auf. Die heroisch blickenden Mensch-Skulpturen wollen den Todesmut derer darstellen, die zur Selbsttötung bereit sind. Die Lanzen und heiligen Krise erhoben, stehen sie hier stellvertretend für die zwei- bis viertausend Balinesen, die (je nach Schätzung) an eben dieser Stelle im Jahre 1906 den rituellen Amokangriff *puputan* gegen die Holländer praktizierten. »Stirb und werde«: Die gesamte Familie und das Gefolge des Raja von Badung, wie Denpasar damals noch hieß, sah angesichts der übermächtigen holländischen Kolonialarmee, angerückt zu einer Strafexpedition gegen den ungehorsamen Herrscher, nur diese Lösung.

Ein paar Meter weiter, am Schnittpunkt der Jalan Gajah Mada mit der Jalan Veteran, prallt die Tradition mit der Moderne zusammen. De facto, aber auch symbolisch, denn dort dröhnt der Verkehr auf mehrspurigen Straßen, und mittendrin steht verloren die riesige **Götterstatue Batara Guru**. Er gilt als eine Erscheinungsform von *Shiva* und ist bekannt als der »große Lehrer«. Spaziert man von hier aus entlang der Jalan Surapati und der Nordseite des Puputan-Platzes gen Osten, ist bald der **Pura Jagatnatha** erreicht, ein dem Weltenherrscher geweihtes Heiligtum, das aber bei all dem Motorenlärm ringsum beim besten Willen keine sakrale Atmosphäre vermitteln kann. Man wirft einen Blick hinein und geht weiter, direkt auf das angrenzende **Bali-Museum** zu, das in einem 1932 von den holländischen Kolonialherren errichteten Palast untergebracht ist. Zu betrachten gibt es manches: Masken und Schattenspielfiguren, Gamelan-Instrumente und Tempelrequisiten, neolithische und andere Funde. Aber Balis Kultur ist hier europäisch-steril konserviert, der Phantasie bleibt kein Spielraum.

Viel mehr ist in Denpasar nicht zu besichtigen, es sei denn, man will wissen, wie es um die lebende Kultur der Stadt steht, die sich, wie es heißt, in der Kultiviertheit ihrer Läden zeigt. Dann folgt man der Jalan Gajah Mada nach Westen und erkennt anhand der reich mit den üblichen Auslagen einer x-beliebigen Stadt bestückten Geschäfte, daß hier die traditionelle Kultur der üblichen Allerweltsunkultur gewichen ist. Ein Mädchen erbettelt ein paar Rupiah, ein Veteran ohne Beine macht auf sein Elend aufmerksam, Menschen hetzen vorüber, es geht hektisch zu. »Zeit ist Geld« – hier weiß man es wieder.

Denpasar ist eine ganz durchschnittliche Allerweltsstadt, absolut unbalinesisch, und man hält es nicht für möglich, daß hier Tradition und moderne Zivilisation koexistieren können. Doch plötzlich kommt der Verkehr zum Erliegen, Leute steigen aus ihren Autos, Polizisten verlassen Verkehrsinseln, Schuhverkäuferinnen ihre Läden, Bankangestellte die Schalter. Unter frenetischem Geschrei und ausgelassenem Gelächter umringen sie zum lauten Rhythmus von Gongs und Trommeln den reich geschmückten und von vielen Männern getragenen Prunkturm einer Prozession. Auf dem Turm sitzt eine goldgekleidete lächelnde Schönheit, und vorweg reitet auf einem schwarz gestrichenen Holztier, von Trägern wild hin und her geschaukelt, ein lachender junger Mann. Aus den Fenstern der umliegenden Häuser flattern bunte Papierschnipsel herab, und eimerweise wird Wasser auf die ekstatische Menschenmenge geschüttet.

Ein Totenfest, das wichtigste Freudenfest der Balinesen, ist der Anlaß für die Prozession. Die Freude der Teilnehmer kommt von Herzen, sonst hätte es die Seele des Verstorbenen schwer, unbekümmert ihren Weg in die jenseitige Welt zu nehmen. Getrauert wird auch auf Bali, und zwar direkt nach dem Tod, wenn der Verstorbene beerdigt wird. Aber Monate gehen ins Land, mitunter auch Jahre, bis die astrologischen Zeichen günstig stehen und die erforderlichen finanziellen Mittel aufgebracht sind, um dieses Fest begehen zu können. Ist der Zeitpunkt gekommen, werden die sterblichen Überreste ausgegraben, ins Innere eines Prunkturmes gebettet und in einer Prozession zum »Krematorium« geführt. Dort wird ein hölzernes Verbrennungstier geöffnet – im konkreten Fall der Stier, auf dem wir den Sohn des Verstorbenen soeben reiten sahen –, die Gebeine werden hinein-

Verbrennungsschrein für die sterblichen Überreste eines Toten

Priester bei einer Verbrennungszeremonie

gelegt und zusammen mit dem Prunkturm dem Feuer überlassen. Die Materie verwandelt sich zu Asche, die Seele aber, seit dem Tod des Körpers zur Fron in der Unterwelt verdammt, wird nun frei und geht über in eine andere, nichtmaterielle Form des Seins, aus der heraus sie später wieder reinkarnieren wird.

Nur wenige Kilometer trennen Denpasar von **Sanur**, dem zweitliebsten Kind des Tourismus auf Bali, das etwa da beginnt, wo an einer großen Ampelkreuzung geradeaus das Bali Beach Hotel ausgeschildert ist. Wir biegen rechts ab und nehmen die nächste Abfahrt in Richtung Meer, passieren das Konsulat der Vereinigten Staaten von Amerika und können allein daran ablesen, daß es sich um einen etablierten Ort handeln muß. Und in der Tat: Das Publikum ist gesetzter als in Kuta, es geht weniger locker-australisch, sondern mehr distinguiert-europäisch und diszipliniert-japanisch zu. Das junge Volk der Rucksackzunft ist überhaupt nicht vertreten, denn die touristischen Einrichtungen sind nobel, auch entsprechend, aber nicht überzogen teuer. Zwar ist der Strand bei Flut nur schmal und bei Ebbe ganz und gar nicht badetauglich, aber die meist pauschal ange-

reisten Gäste sind auch mehr am Entspannen in den tropischen Gärten interessiert. Swimmingpools ersetzen das Meer, die Cocktailzeit beginnt nach dem Frühstück, und zum Lunch schlüpft man in Abendgarderobe.

In **Nusa Dua**, 25 Kilometer weiter südlich und am Ostrand der Halbinsel **Bukit Badung**, hat sich der Exklusivtourismus ein abgeschirmtes Paradies geschaffen. Motorisierte Sicherheitsbeamte wachen über die weitgezogenen Areale der Luxushotels, von denen keines weniger als fünf Sterne nach internationaler Klassifikation zählt. Straßen- und Strandhandel sind verboten, Balinesen sieht man nur als Statisten, und auf wohlgetrimmten Rasenflächen verlustieren sich die Jet-

Mit dem Verbrennungstier werden die Gebeine des Verstorbenen dem Feuer überlassen

setter und solche, die es sein wollen, beim Golfen. Doch was den einen fade scheint, vermittelt anderen Höchstmaß an Urlaubslust.

Der Komplex ging aus einem Masterplan hervor, dessen Ziel es war, den Touristenstrom zu kanalisieren und gegen Bali abzugrenzen, und zwar nicht, um die Touristen zu schützen, sondern vielmehr die balinesische Tradition vor den Auswirkungen des Tourismus. Eben deshalb auch versteht sich jede Hotelanlage als eine autarke Ferieneinheit mit allem, was ein verwöhntes Herz begehrt. Auch mit Kultur, denn die wird »importiert«, so daß gewährleistet ist, daß der Gast, um Bali kennenzulernen, das Urlaubsghetto gar nicht erst verlassen muß.

Doch alles läßt sich nicht nach Nusa Dua verpflanzen. Schon gar nicht der Sonnenuntergang, den man am konkurrenzlos schönsten Sunset-Platz von Bali, dem Pura Luhur Ulu Watu, erleben sollte. Auf dem Weg dorthin über Bualu und Pecatu quert man die Halbinsel Bukit Badung und bekommt dabei eine weitere, kontrastreiche Welt zu Gesicht. Kurz hinter dem Ferienzentrum beginnt ein menschenleeres Hügelland von fast steppenartigem Charakter. Vollkommen ausgetrocknet liegt hier alles neben einem der nassesten Flecken auf Erden, und Schuld daran ist der poröse Karstboden der Landschaft, in dem jeder Niederschlag sofort spurlos versickert. Bei der gesamten Halbinsel, mit dem Rest von Bali nur durch einen schmalen Isthmus verbunden, handelt es sich um ein aus dem Meer gehobenes Korallenkalkplateau, während die Mutterinsel ihren Ursprung dem Vulkanismus verdankt.

Hausaltar mit Opfergaben

◁ *Tempelfest im Pura Jagatnatha in Denpasar*

Vom Parkplatz sind noch ein paar Stufen zu erklimmen, und dann liegt der **Pura Luhur Ulu Watu**, das Felsheiligtum der Schutzgöttin des Meeres, das 76 Meter hoch über dem Südkap der Insel thront, vor einem. Von drei Seiten rollt der Indische Ozean heran. Die bis über zehn Meter hohen Wellen bauen sich auf und »schälen« sich, anstatt zu brechen, von einem Ende zum anderen, weshalb sie zu den besten, aber wegen der nahen Klippen auch zu den gefährlichsten *ridable surfs* Asiens zählen.

Am Ende der Reise befindet man sich hier an einem der großartigsten Orte von Bali. Weit hinten im Westen bilden die Schemen von Java den Horizont, aus der Tiefe vernimmt man das dumpfe Grollen von *Waruna,* dem gefürchteten Meeresgott, und im Norden liegt die Spitze des Agung in rosafarbenen Wolkenkissen. Die Schatten werden länger, im Tempel hebt jetzt das vielstimmige Gebetsmurmeln der Gläubigen an. Dann taucht die Sonne ins Meer. ■

V Zusatzangebot

Lombok – Route: Selaparang Airport – Pantai Kuta – Tetebatu – Senggigi – Bangsal – Gili Meno (185 km)

km	Zeit	Route
0	10.00 Uhr	Abfahrt am Selaparang-Flughafen auf Lombok
3		Ampenan/Mataram/Cakranegara
48		**Pantai Kuta**, felsgerahmter Strand; unterwegs zahlreiche traditionelle Sasak-Dörfer
98	13.00 Uhr	**Tetebatu**, Höhenort; Lunchpause

V Zusatzangebot

Lombok – Route: Selaparang Airport – Pantai Kuta – Tetebatu – Senggigi – Bangsal – Gili Meno (185 km)

152	15.00 Uhr	**Senggigi**, Lomboks Touristenzentrum
172		**Puncak-Paß**, Aussichtspunkt im Regenwald
185		**Bangsal**, Fährdorf für Gili Meno
	16.30 Uhr	**Gili Meno**, maledivenschöne Koralleninsel, Ziel des Tages

Der nachfolgende Routenplan ist für Reisende konstruiert, die nur **1 Tag und 1 Nacht** auf Lombok verbringen können oder wollen. Frühaufsteher können von Padang Bai aus (s. S. 40) auch die Frühfähre oder von Benoa (nördlich von Nusa Dua) aus das Schnellboot nach Lombok nehmen, das Programm anschließen und am folgenden Mittag wieder Bali erreichen (s.u. unter An-/Rückreise). Aber Spaß macht es nicht, so zu reisen. Wenn sich der Zeitplan aus irgend einem Grund nicht wie empfohlen einhalten läßt, sollte man den Besuch von Senggigi streichen.

Optimal wäre es, **3 Tage und 3 Nächte** für Lombok anzusetzen: 1. Tag Flug/Fähre von Bali aus, Fahrt nach Kuta, dort übernachten; 2. Tag nach Tetebatu, dort übernachten; 3. Tag nach Senggigi und Gili Meno, dort übernachten; am Morgen des 4. Tages Rückflug/Fähre nach Bali.

Aber auch schon mit **2 Tagen und 2 Nächten** ist die Reise streßfrei zu bewältigen: 1. Tag Flug/Fähre, Fahrt nach Kuta, weiter nach Tetebatu, dort übernachten; 2. Tag Fahrt nach Gili Meno via Senggigi, übernachten; am Morgen des 3. Tages Rückflug/Fähre nach Bali.

Man kann morgens von Gili Meno starten, dann zum Airport fahren, die Maschine/Fähre nach Bali gegen 10 Uhr nehmen, wenn man sowohl das Boot nach Bangsal (abends über die Unterkunft buchen) als auch ein Bemo von dort zum Flughafen chartert. Wer das **Zusatzangebot Komodo** anschließen möchte, braucht nicht nach Bali zurückzukehren, sondern kann auf Lombok in die Maschine nach Labuhanbajo/Flores bzw. Bima/Sumbawa zusteigen oder den Bus nach Bima nehmen.

An-/Rückreise:

Flug: Die indonesische Fluggesellschaft **Merpati** bedient mehrmals tägl. die Route Bali – Lombok bzw. umgekehrt. Die erste Maschine von Bali (Ngurah Rai International Airport) startet gegen 8 Uhr morgens, die von Lombok (Selaparang Airport) nach Bali gegen 10 Uhr. Kaufen kann man die Tickets in unzähligen Reisebüros (in jedem Touristenzentrum) oder direkt bei der Airline (Merpati, Jl. Melati 57, Denpasar, ✆ 22 28 64); die Airporttaxe beträgt 4 400 Rupiah, 45 Min. vor Abflug sollte man einchecken.

Fähre: Die Fähren von Padang Bai (s. S. 40) nach Lembar/Lombok sind rund um die

V Zusatzangebot

Lombok – Route: Selaparang Airport – Pantai Kuta – Tetebatu – Senggigi – Bangsal – Gili Meno (185 km)

Uhr und im 4-Stunden-Takt in beiden Richtungen im Einsatz (6, 10, 14, 18, 22, 2 Uhr) und benötigen etwa 4 Std. für die Distanz. Tickets (um 5 Mark) kann man entweder am Hafen kaufen (rechts vor dem Eingang) oder in einem der zahlreichen Reisebüros in den Touristenzentren, die auch die Anfahrt zur Fährstation organisieren und – auf Lombok – die Weiterfahrt zum gewünschten Ziel (Kuta, Senggigi oder Bangsal/Koralleninseln). Den besten Service bietet **Perama Tourist Service** (Jl. Legian, Kuta, ✆ 75 15 51 und 75 18 75), die über eigene Busse auf Bali und Lombok verfügen und auch einen Fähr-/Bustransfer von Lombok nach Komodo und zurück anbieten.

Schnellboot: Seit neuestem verkehren zwischen Bali und Lombok auch klimatisierte Schnellboote (je nach Saison zwei- bis viermal täglich), die die Strecke in knapp 2 Stunden bewältigen, aber nicht in Padang Bai starten, sondern im nördlich von Nusa Dua gelegenen **Benoa**. Fahrpläne liegen in allen besseren Hotels auf Bali aus, wo man das Ticket – wie in den meisten Reisebüros – auch gleich erstehen kann (rund 20 Mark).

Mit öffentlichen Verkehrsmitteln: Wer die Insel so entdecken will, muß ab Flug-/Fährhafen eines der zahlreichen Bemos zum Terminal Sweta, 1 km östlich von Cakranegara, nehmen, dem zentralen Terminal für die ganze Insel. Ab dort Bemo nach Praya, umsteigen nach Sengkol, umsteigen nach Kuta (gut 2–3 Std. Fahrzeit). Zurück genauso, dann ab Sweta Bemo nach Pomotong, umsteigen nach Kotaraja, umsteigen in die Pferdekutsche, die nach Tetebatu fährt (rund 2 Std. Gesamtfahrzeit ab Sweta). Von Tetebatu wieder nach Sweta, ab dort Bemo nach Senggigi (25 Min. ab Sweta). Zurück nach Sweta, Bemo nach Bangsal (ca. 1 Std.), dem Fährhafen für Gili Meno.

Lombok – Informationen

Sasak-Dörfer
Durchgangsstraße Praya – Kuta
Auf den letzten Kilometern vor Kuta liegen zahlreiche traditionelle Dörfer der Sasak (Ureinwohner von Lombok) am Weg, die mit ihrer charakteristischen Bauweise (halbrunde Palmwedeldächer) ins Auge fallen. Als die schönsten gelten **Sade** und **Rembitan**.

Webarbeiten
Die meisten der o. g. Sasak-Dörfer verstehen sich auch als Weberdörfer, und jede einzelne Ortschaft hat ihre eigenen traditionellen Muster. Außer *sarongs* (Wickelröcken) sind es insbesondere bis zu 4 m lange Gürtel (*sabuk*) und festliche Stoffe (*kain*), die gefertigt werden. Als unumstrittenes Zentrum der Webe-

reien gilt das Dorf **Sukarara** südlich von Praya.

Pantai Kuta
2–3 km östlich von Kuta
Für Naturliebhaber und Freunde wildromantischer und einsamer Strände (Baden ist möglich, Schwimmen weniger) ist diese Bucht im äußersten Süden von Lombok ein wahres Kleindod. Nach Osten schließen sich unzählige weitere Strände an, und wer möchte, kann den Fußwegen parallel zur Küste für viele Stunden folgen.

Am Pantai Kuta
2 km östlich von Kuta
Mehrere Bungalowanlagen in verschiedenen Komfort- und Preisstufen ($–$$$$) bieten sich hier zum Übernachten an, wobei man am schönsten in den schlicht möblierten, im Sasak-Stil eingerichteten Hütten der Billiganlagen wohnt.

Tetebatu
Reizvoller Sasak-Ort in klimatisch angenehmer Höhenlage (600 m über Meer) an der Südflanke des Rinjani-Massivs. Ausgangspunkt für Wanderungen in den dschungeligen Regenwald, der sich oberhalb anschließt, teils von Pfaden erschlossen ist und u. a. zwei sehenswerte Wasserfälle bietet.

Wisma Soendjono
Tetebatu
Über dem Dorf inmitten von Reisterrassen, Bächen und einem parkähnlichen Garten gelegene Anlage mit Swimmingpool, Restaurant (Lunchpause) und zweigeschossigen Bungalows im traditionellen Sasak-Reisspeicher-Stil mit Bad/WC im Erdgeschoß, Schlafzimmer unter halbrundem Schilfdach. Hier werden auch Wanderführer vermittelt und Inseltouren organisiert. $$–$$$

In Senggigi
1987 entstand in Senggigi, Lomboks einzigem Touristenzentrum, das erste Hotel, und heute sind es schon mehr als ein Dutzend Luxushäuser, die auf den großen, bislang noch nicht erfolgten Ansturm warten. Als beste Adresse gilt das **Senggigi Beach Hotel**, ✆ (0364) 9 32 10, Fax 9 32 00, $$$$$, dessen 150 Komfortzimmer sich auf Strandbungalows und das in einer großen Parkanlage gelegene Haupthaus verteilen. Mehrere Restaurants und Bars, phantasievoll gestalteter Swimmingpool und beachtliches Sportangebot.

Ganz ähnlich präsentiert sich das **Lombok Intan Laguna**, ✆ (0364) 9 30 90, Fax 9 31 85, $$$–$$$$, das zwar nicht ganz so komfortabel, aber dafür auch wesentlich günstiger ist.

Gili Meno
Gili Meno ist die kleinste der drei kleinen Koralleninseln, die der Nordwestküste von Lombok mehrere Kilometer weit vorgelagert sind. In der Hauptsaison sollte man hier spätestens um 10 Uhr morgens angekommen sein, um noch ein Zimmer zu bekommen. Weiße Strände im Palmensaum, grün schimmerndes Meer – so stellt man sich im allgemeinen die Malediven vor. Auch die Größe des nur von einem Pfad erschlossenen Eilandes (2 km^2) entspricht dem Klischee. Sonnen, Baden, Schwimmen, natürlich auch Schnorcheln (herrliche Korallenriffs) – damit steht es bestens, aber auch dieses Paradies ist nicht vollkommen, denn es gibt (insbesondere in der Regenzeit von Oktober bis März) Zeiten, an denen einen die Mücken abends schier um den Verstand bringen. Leider sind auch die sanitären Verhältnisse nicht unbedingt die besten. – Dennoch: für 1–2 Tage ist das »Atoll« immer einen Aufenthalt wert.

Lombok – Informationen

Gazebo Resort
Gili Meno
Reservierung über Gazebo-Hotel (Sanur/Bali ✆ 8 82 12)
Große und sehr gepflegte, klimatisierte Bungalows mit typischem Bali-/Lombok-Interieur und schickem Restaurant in einer Parkanlage direkt hinter dem Strand. $$$$–$$$$$

Homestays
Gili Meno
Mehrere Herbergen gibt es in dieser Kategorie, und in allen wohnt man in schlichten (aber sehr romantischen) Palmwedel- oder Holzhütten direkt am Strand, inkl. Vollpension (Frühstück, Mittag- und Abendessen, Tee/Kaffee kostenlos), für ein Spottgeld von 18 000 bis 25 000 Rupiah (für 2 Pers.).

Schnorcheln
Die Korallenriffs legen einen etwa 200 m breiten Gürtel um die Insel, der schon wenige Meter vor dem Strand beginnt und an einem Abbruch endet, wo der Meeresgrund von 2–3 m auf über 50 m Tiefe absinkt. Die marine Unterwasserwelt ist von exotischer Vielfalt. In den Morgenstunden ziehen häufig große Delphine entlang der Abbruchkante dahin. Ausrüstungen sind in allen Unterkünften zu mieten.

Kontiki-Bungalows auf Gili Meno

V Lombok: Trauminsel im Abseits

Zusatzangebot

Die meisten Bali-Besucher bekommen die rund 35 Kilometer östlich gelegene und mit 4600 Quadratkilometern nur unwesentlich kleinere Nachbarinsel Lombok nie zu sehen und ahnen nicht einmal, wie viele Superlative sie versäumen: große zusammenhängende Primär-Regenwälder, weite Grassavannen, den höchsten aktiven Vulkan des Archipels, malediven-schöne Koralleneilande, menschenleere Strände. Dabei fallen einem diese Erlebnisse fast kostenlos zu, denn nicht mal 50 Mark kostet der 25-Minuten-Flug ab Bali, und für rund 5 Mark kann man sich von Padang Bai aus per Fährschiff hinüberbringen lassen.

Wir bevorzugen das Flugzeug, und das »Abenteuer Lombok« beginnt, sobald sich

Im Hafen von Padang Bai

die gepflegte Propellermaschine in die Lüfte gehoben hat. In 3 000 Fuß Höhe, vom Gunung Agung also noch um 7 000 Fuß überragt, fliegt die Fokker über Balis Süden und die **Lombok Strait**. Sie trennt nicht nur Bali von Lombok, sondern scheidet auch das Klima, grenzt Völker und Kulturen, Pflanzen- und Tierwelten gegeneinander ab (s. S. 8f.) und markiert eine Linie, die nur von wenigen Touristen überschritten wird: Während Bali mit über einer Million Besuchern jährlich die Schallmauer längst durchbrochen hat, sind es kaum mehr als 50 000 Urlauber, die Lombok jährlich zu Gesicht bekommen.

Nun wandert die Insel ins Blickfeld, der **Gunung Rinjani**, das 3 726 Meter hohe Wahrzeichen der »Chili-Insel« (was Lombok übersetzt bedeutet), präsentiert sich noch viel imposanter als der Agung und dominiert die Hälfte der Insel.

Das Dröhnen der Motoren wird vom Quaken Hunderter Frösche übertönt. Schmucklos liegt der winzige Selaparang Airport im Feldsaum, und kaum hat man ihn verlassen, wird man umringt von Bemo-Fahrern. Jetzt sollte der Preis für eine Tagesmiete ausgehandelt werden: *»Kami mau menyewa bemo untuk hari ini.«* Dafür sind die anvisierten Ziele Kuta, Tetebatu, Senggigi und Bangsal wie folgt zu nennen: *»Pertama kami mau ke Kuta, kedua ke Tetebatu, ketiga ke Senggigi dan Bangsal.«*

Auf schlaglochreicher Straße geht es zur drei Kilometer entfernten Inselhauptstadt, gebildet aus den Städten **Ampenan-Mataram-Cakranegara**, die keine Sehenswürdigkeiten zu bieten hat. Auf der Fahrt Richtung Süden, in die fruchtbare Alluvialebene der Inselmitte hinein, ähnelt das Landschaftsbild dem von Südbali. Doch anstatt der Tempel dort ragen hier in jedem Dorf die silbern funkelnden Wellblech-Zwiebeltürmchen von Moscheen auf und verleiten zu der Annahme, daß Lombok eine Hochburg des Islam ist. Das stimmt aber nur zum Teil, denn die *Sasak*, die größte Bevölkerungsgruppe auf Lombok, bekennen sich zu einem weltweit einzigartigen religiösen Synkretismus, in dem Animismus, Hinduismus (balinesischer Prägung) und Islam vereint sind. Der Name dieser Glaubensrichtung, *Wetu Telu*, bedeutet »dreigeteilt«.

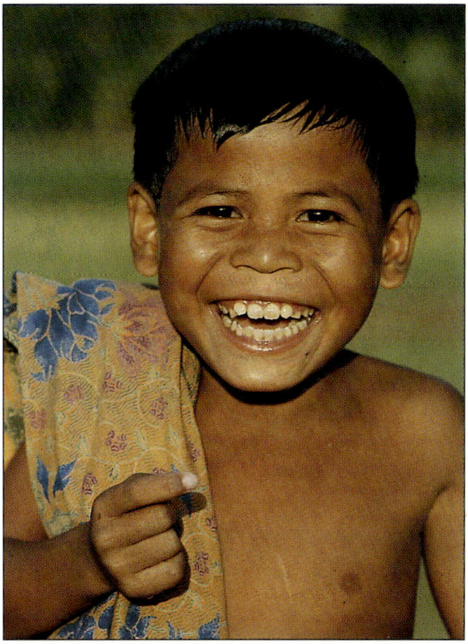

Als Versammlungsort dient den Sasak zwar die Moschee, aber das Beten ist keine Pflicht, denn es soll von Herzen kommen. Es existiert auch kein Verbot für den Genuß von Schweinefleisch und Alkohol (denn alles, was Allah gibt, ist gut), und die Wallfahrt nach Mekka ist unbekannt. Dies sind nur die gravierendsten Unterschiede zwischen Wetu Telu und Islam.

Bald lichtet sich das Tropengrün, um schließlich, etwa ab dem Örtchen **Praya**, ins Braun und Gelb einer mit hohem einer langgestreckten Halbmondbucht namens **Pantai Kuta**, hellen Sand vor mehreren idyllisch gelegenen Bungalowanlagen. Nach nochmals zwei Kilometern (geradeaus, am Buchtende nach rechts, zu Fuß um einen »Kap«-Felsen herum) recken sich in einer schneeweißen, fast unwirklichen Sandbucht dunkle Felsen aus der tosenden Brandung.

Chili-Pflanze

Savannengras bestandenen Hügellandschaft überzugehen. Reis wird nur noch im Trockenfeld-Anbau und ganz vereinzelt kultiviert, Dornengestrüpp und Kaktusgewächse setzten Akzente der Dürre. Mit einem Mal scheint es, als hätte man einen Zeitsprung zurück in die Vergangenheit gemacht: Über das ganze Land verstreut und meist an die Hügel geschmiegt, erstrecken sich archaische kleine Palmwedelhaus-Dörfer, in denen die Sasak noch weitgehend nach Art ihrer Vorfahren leben.

Die Luft ist nicht mehr schwül, eher trocken und heiß und flimmert über dem aufgeweichten schwarzen Asphalt. Ein letzter Hügel wird erklommen. Ihm zu Füßen erstreckt sich **Kuta**, ein bedeutungsloses Dörfchen mit grauem Strand am Meer. Nichts würde einen Touristen hierher verschlagen, gäbe es nicht rund zwei Kilometer weiter östlich, in der Mitte

Einen eindrucksvolleren Strand hat man auf der bisherigen Reise noch nicht gesehen, und auch das nächste Ziel, der wohl schönstgelegene Höhenort der Insel, kann nur mit einem Superlativ beschrieben werden. Wir fahren wieder bis **Praya** zurück, dann weiter nach **Kopang** am »Lombok Highway«, folgen ihm nach rechts und biegen bald darauf in Richtung auf die Südflanke des Gunung Rinjani ab. Von Kilometer zu Kilometer wird das Reisterrassenland üppiger, mit zunehmender Höhe lockern Regenwaldenklaven das Bild auf. Die Straße entpuppt sich als »steißbeinerweichend«, aber dann hat die Tortur ein Ende, denn **Tetebatu** bzw. das über dem Sasak-Dorf gelegene **Wisma Soendjono** sind erreicht, und damit eine traumhafte Bungalowanlage mit zweigeschossigen Häuschen im tradi-

Auf Lombok findet man schneeweiße, unberührte Strände

tionellen Reisspeicherstil zwischen Blumenrabatten und alten Bäumen. Am Hang lädt ein gemauerter und von einem Wildbach gespeister Pool zum Baden ein. Vom Bambusbau des Restaurants überblickt man aus immerhin fast 600 Meter Höhe einen Großteil der südlichen Inselhälfte. Nirgends auf Lombok luncht man in so gleichermaßen schöner wie klimatisch angenehmer Umgebung. Und so sollte man sich eine ausgedehnte Rast gönnen, bevor es über Batu Kliang, Narmada und die Inselhauptstadt nach **Senggigi** geht, des Massentourismus jüngstes und bislang einziges Kind auf der Insel.

Wir passieren Bucht um Bucht, Strand um Strand – mal dunkel, mal hell, mal grob-, mal feinsandig – und erreichen schließlich das Touristenzentrum, das sich mit seinen Vier- bis Sechssternehäusern, Geschäften, Cafés, Restaurants, Reisebüros und sogar Shopping-Zentren als eine gekonnte Mischung aus Balis Kuta und Sanur präsentiert. Wer mondäne, aber dennoch lebensfrohe Touristenzentren mag, der wird sich vielleicht wohl fühlen und beschließen, hier anstatt am nächsten Ziel der Rundreise zu übernachten. Aber das setzt Solvenz voraus, denn unter 100 US-Dollar pro Nacht ist kein wirklich gutes Quartier zu bekommen.

Bungalowanlage Wisma Soendjono im Sasak-Reisspeicher-Stil bei Tetebatu

Doch so oder so: Bis Bangsal sollte jeder der Lombok-Route folgen, denn während der halben Fahrstunde dorthin geht es über 1 000 Meter hoch hinauf und hinein in einen urwelthaften Regenwald. Dann ist der **Puncak-Paß** erreicht, der Blick reicht über steil abfallende Hänge weit aufs Meer hinaus. Die drei kleinen Inseln, die man während der folgenden Talfahrt bald ganz links aus dem Ozean herausragen sieht, werden Endstation der heutigen Tour sein.

Bangsal ist der Ausgangspunkt dorthin. Am grauen Strand liegen die Motorboote, die die Verbindung aufrechterhalten. Finden sich nicht genügend Passagiere (mindestens zehn müssen es schon sein), muß man ein Boot chartern, was aber kaum mehr als etwa 20 Mark kostet. So verabschieden wir den Bemo-Fahrer und müssen uns nur noch entscheiden, auf welchem der drei Koralleneilande wir an Land gehen wollen. Zur Auswahl stehen Gili Air (relativ touristisch, relativ teuer und unschöne Strände), Gili Terawangan (Inseltraum der Rucksackszene, aber nur einfache Unterkünfte, auch ziemlich unhygienische Verhältnisse) und **Gili Meno**. Diese eiförmige Insel ist mit rund zwei Quadratkilometer Fläche die kleinste und ruhigste des Trios.

Während der etwa halbstündigen Überfahrt dorthin genießt man rückblickend ein herrliches Panorama auf die unvor-

Blick von Gili Meno nach Lombok mit dem Rinjani

stellbar große Gebirgsmasse des Rinjani, die sich fast vier Kilometer hoch in den Himmel türmt.

Keine zwei Meter reckt sich Gili Meno aus dem Wasser, aber auch dieser Anblick ist wunderschön, ebenso wie der weite weiße Strand und die kleinen Palmwedelhäuschen dahinter. So watet man durch pieksenden Sand, der mit Muschel- und Korallensplittern durchsetzt ist, an Land in den Schatten der Bäume, zwischen denen ein Pfad am Strand entlang verläuft. Hier reihen sich mehrere Billiganlagen aneinander, und in der Mitte, auf einem gepflegten (aber in der Trockenzeit braun verbrannten) Grund, liegt das komfortable Gazebo Resort. Man trifft seine Wahl, und dann geht es ins Meer, in dem sich, nur wenige Meter vor dem Strand, eine marine Traumwelt verbirgt, die die von Lovina beispielsweise weit in den Schatten stellt. ■

Wasserfall hinter Senggigi

VI Zusatzangebot Komodo

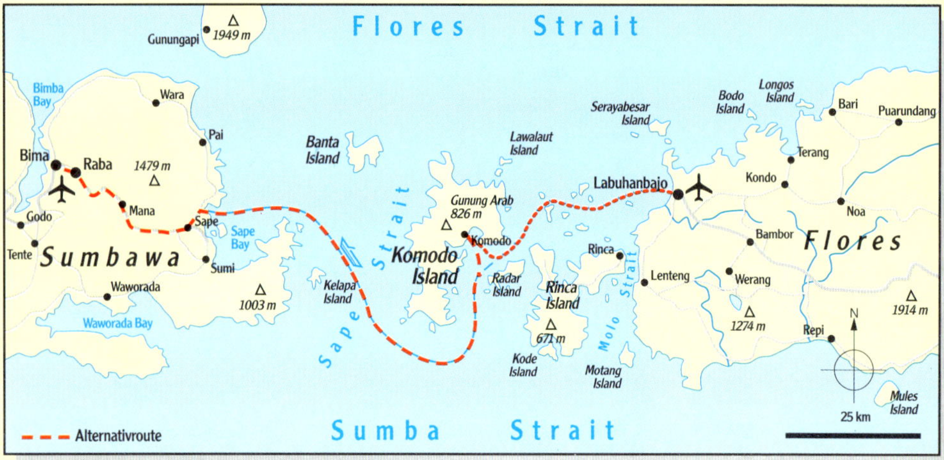

Unterwegs kann man nirgends Geld wechseln, deshalb sollte man sich noch auf Bali (oder Lombok) mit ausreichend Rupiah-Noten eindecken.

1. Komodo – Route: Bali – Labuhanbajo/Flores – Komodo

Vormittag Abflug von Bali nach Labuhanbajo über Mataram/Lombok, Bima/Sumbawa

Nachmittag Ankunft in **Labuhanbajo** ca. 4 Std. später, Transfer zum Hafen, ab dort im Charterboot nach **Komodo** (ca. 2–3 Std.)

Alternativen: Anstatt in Labuhanabajo ein Boot zu chartern, kann man auch dienstagmorgens das reguläre **Fährschiff nach Komodo** nehmen, muß dann aber schon tags zuvor (Mo) nach Labuhanbajo fliegen.

Anstatt nach Labuhanbajo zu fliegen, kann man auch in **Bima** auf Sumbawa aussteigen, per Charter-Bemo nach **Sape** weiterfahren und dort ein Boot nach Komodo chartern.

1. **Komodo – Route:** Bali – Labuhanbajo/Flores – Komodo

Oder: **Bima** ist ab Denpasar und Mataram/Lombok auch per Bus erreichbar (ab Lombok frühmorgens, an Bima abends). Von **Sape** aus verkehrt einmal wöchentlich (Fr oder Sa) in den Morgenstunden ein reguläres **Fährschiff nach Komodo.**

2. **Komodo – Route:** Komodo – Labuhanbajo/Flores

Vormittag	Geführte Tour zu **Waran-Beobachtungsständen**
Nachmittag	**Wanderung** über die Insel oder Bootstour zu vorgelagerten Eilanden; anschließend Rückfahrt nach **Labuhanbajo**

Alternativen: Samstags (gegen 12 Uhr) kann man auch per regulärem **Fährschiff nach Labuhanbajo** zurückfahren. Oder man kann dienstags (gegen 12 Uhr) die Fähre von **Komodo nach Sape/Sumbawa** nehmen, dort ein Bemo nach **Bima** chartern und kann dann – mit etwas Glück – noch einen Platz im Nachtbus erwischen, der morgens Lombok erreicht, nachmittags Bali. Oder man fliegt tags darauf nach Lombok oder Bali.

3. **Komodo – Route:** Rückflug Labuhanbajo – Bali

Komodo organisiert:
Nahezu jedes Reisebüro in den Touristenzentren hat mittlerweile eine Tour nach Komodo fest im Programm. Die Mindestteilnehmerzahl beträgt im allgemeinen zwei Personen, die Tourdauer beläuft sich auf 4 Tage und 3 Nächte, und der Preis variiert je nach Anbieter zwischen 400 und 800 US-Dollar pro Person. Das ist, gelinde gesagt, eine Unverschämtheit, denn unser Programm ähnelt dem organisierten, kann aber bei zwei Personen beim allerbesten Willen nicht mehr als 200–250 US-Dollar pro Person kosten, wenn man stets die teuersten Möglichkeiten wahrnimmt.

Transport:

Ob nun Labuhanbajo auf Flores angeflogen wird (ca. 150 Mark/Weg) oder Bima auf Sumbawa (Alternative; ca. 100 Mark/Weg), stets ist die indonesische **Merpati** auf den Routen im Einsatz. Tickets entweder bei der Gesellschaft direkt kaufen (Jl. Melati 57, Denpasar, ✆ 2 28 64) oder in einem der zahlreichen Reisebüros in den Touristenzentren, wo man auch Auskunft darüber erhalten kann, zu welchen Zeiten das reguläre Fährschiff nach/von Komodo verkehrt. In Labuhanbajo ist es kein Problem, ein vakantes Boot zu chartern. Mehr als ca. 100 Mark wird die Passage nicht kosten, bzw. 150 Mark, läßt man den Skipper warten und fährt am folgenden Tag zurück.

Wer die günstigen Verkehrsmittel Bus/Fähre bevorzugt, muß über Bima auf Sumbawa **nach Komodo** reisen. Es gibt mittlerweile Direktbusse ab Bali dorthin, in die man auch auf Lombok zusteigen kann (Tickets über die Reisebüros auf Bali bzw. Lombok). Abfahrt in Denpasar gegen Mitternacht, an Sweta-Terminal auf Lombok (s. S. 139) gegen 6 Uhr morgens, an Bima gegen 20 Uhr abends.

Da zu dieser Stunde kein reguläres Bemo mehr nach Sape, dem Fährhafen, verkehrt, muß man eines chartern (um 20 Mark). Dann entweder – z. Zt. der Recherchen samstagmorgens gegen 8 Uhr – mit dem regulären Fährschiff nach Komodo (rund 5 Mark) oder per Charterboot, für das man (nach Verhandeln) ungefähr 200 Mark ansetzen muß. Läßt man den Skipper bis zum folgenden Tag auf Komodo warten und fährt wieder mit ihm zurück nach Sape sind es etwa 250–300 Mark. Das reguläre Fährschiff kehrt jeweils dienstags nach Sape zurück.

In Labuhanbajo/Flores:

Labuhanbajo präsentiert sich als ein ungeheuer verschlafen wirkendes Fischerdörfchen mit netten, teils aber etwas neugierigen Menschen, von denen viele schon einen deutlichen Papua-Einschlag haben.

Ankunft auf dem Flugplatz in Mutiara, Bemo-Transfer zum Hafen, wo das reguläre Fährschiff ablegt und auch zahlreiche Charterboote zu finden sind.

Unterkunft in einer der Herbergen, empfehlenswert ist das im Dorfzentrum am Hafen gelegene **Wisma Bajo Beach Inn** ($$); alle anderen Losmen sind der Kategorie $ zugeordnet.

Alternativroute über Sumbawa:

Bima, Sumbawas wichtigste Hafenstadt, präsentiert sich laut und häßlich und wird von rund 40 000 Menschen (teils sehr strenggläubige Muslime) bewohnt. Für den Fall, daß man hier übernachten muß, empfiehlt sich das **Losmen Lila Graha** (Jl. Belakang Bioskop Merdeka, $–$$), wo die Zimmer (teils mit Air-conditioning) wenigstens sauber sind. Wer vergessen hat, Geld zu wechseln, kann das hier bei der Bank Negara Indonesia 46 (Jl. Sulawesi) nachholen (aber nur US$-Scheine werden akzeptiert).

Dann per Bemo oder Charter-Bemo (je nach Ankunftszeit) nach **Sape**, einem rund 1 Std. entfernten Dorf am

Ostzipfel Sumbawas, wo die Fähre nach Komodo/Flores ablegt, man Boote chartern und auch (absolut spartanisch und nicht gerade dem deutschen »Reinheitsgebot« entsprechend) übernachten kann: im **Losmen Give** an der einzigen Straße.

Komodo:

Die Insel ist Nationalpark, nach Ankunft muß man sich im Hauptquartier registrieren lassen, Eintritt bezahlen und geringe Gebühren für eventuelles Fotografieren/Filmen entrichten.

Wisma Parawisata
Park-Hauptquartier
Dieses Touristen-Gästehaus ist die einzige Unterkunft auf der Insel und besteht aus mehreren Holz-Pfahlbauten, in denen sich durch Vorhänge abgeteilte »Zimmerchen« befinden; zu jedem Haus gehören 2 Toiletten und 4 Badezimmer, das Bett kostet um 5 Mark/Person. Ansonsten stehen noch ein paar Bungalows zur Vermietung, die für 2 Personen ausgelegt sind ($$$).

Restaurant Parawisata
Park-Hauptquartier
Nur Reis, gebratener Reis oder Instant-Nudelsuppe werden angeboten, an Getränken stehen Trinkwasser, Cola, Fanta und Bier bereit. Und wer glaubt, mit solch karger Kost nicht auskommen zu können, sollte sich etwas mitbringen.

Waranbeobachtung
Früher war es üblich, daß sich jeder Besucher oder jede Gruppe eine Ziege als Köder für die Warane schlachten ließ. Die Raubtiere hörten auf, als solche zu leben, wurden träger und träger und ließen sich nur noch füttern. Damit ist es vorbei, z. Zt. der Recherchen wurde nur noch zweimal wöchentlich »geopfert« (So und Mi); wer's sehen will, zahle rund 5 Mark und gehe mit.

Es gibt auch die Möglichkeit, mit einem Park-Ranger (englischsprachig) Warane in freier Wildbahn zu suchen; ein solcher Führer kostet um 10 Mark/Tag, aber garantieren kann man natürlich nicht, daß man einen »Drachen« zu Gesicht bekommt.

Sonstige Abenteuer
Komodo bietet neben der Waranbeobachtung reichlich Gelegenheit, auch eine ganze Woche lang abenteuerliche Touren zu unternehmen. Für alle ist ein Park-Ranger als Führer erforderlich. Sehr lohnenswert ist u. a. eine 1- bis 2-Tage-Tour zum **Gunung Arab**, dem mit 826 m höchsten Berg der Insel (nahe dem Gipfel wurde ein Shelter errichtet); oder mit einem gecharterten Boot (um 50–80 Mark/Tag) zur Westseite der Insel, wo man mitunter angeblich **Wale beobachten** kann; zur vorgelagerten **Insel Pulau Lasa** (Schnorchelparadies), nach **Pulau Padar** oder **Rinca** (auch dort gibt es Warane, aber auch Wildpferde), nach **Pulau Kalong** (wo »Fliegende Hunde« zu Tausenden an den Bäumen hängen) oder überhaupt irgendwohin im Komodo-Archipel, wo die weißesten Sandstrände vor dem klarsten Wasser mit den üppigsten Korallenriffs zu finden sind.

VI Komodo
Wo die »Drachen« hausen

Zusatzangebot

Aus dem Dornengestrüpp dringt ein furchterregendes Fauchen und Röcheln und der Boden vibriert, als sich etwas Schweres und Großes seinen Weg durchs Unterholz bahnt: Ein braunes, schuppenbesetztes Monstrum von etwa drei Meter Länge kriecht aus dem Busch, schlägt peitschend seinen Schwanz auf den Boden und läßt eine fast einen Meter lange, grüngelbe und vorn gespaltene Zunge aus seinem blutroten Schlund schießen. Die Schreckensrufe der Zuschauer übertönen das Fauchen des Untiers. Alle springen wie auf Kommando zurück, als sich die Kreatur mit unglaublicher Behendigkeit nach vorn bewegt, wo eine geschlachtete Ziege im Baum hängt. Weitere Echsen kommen herbei, reißen Fleischstücke aus dem Opfertier und versuchen, es mit Haut und Haar herunterzuwürgen. Dieser Anblick kann einem schon mal auf den Magen schlagen. Das Mienenspiel der Besucher schwankt zwischen Ekel und Faszination. Vernünftiger scheint uns, mit einem Führer auf die Pirsch zu gehen. Dann sind es nicht die »Eßgebaren«, sondern die Tiere selbst, die begeistern und einen Eindruck von der Fauna, die vor

Komodo-Waran, die größte Landechse der Erde

Markttag in Labuhanbajo auf der Insel Flores ▷

Kampung Komodo, das einzige Dorf der Insel

rund 60 Millionen Jahren, also während des *Eozäns,* auf der Erde lebte, vermitteln. Zu diesem Zeitpunkt starben die letzten Riesenechsen der Saurier-Ära weltweit aus. Nur hier nicht, auf Komodo, dieser gottverlassenen Insel zwischen Sumbawa im Westen und Flores im Osten.

»Sir P. A. Owens entdeckte meterlange Drachen; neue Akzente in der Evolutionstheorie« – diese Meldung ging im Jahre 1912 um die Welt. In der Tat läßt der Anblick der hier beheimateten größten Landechsen der Erde die alten Sagen von feuerspeienden Drachen verständlicher scheinen. Auch für die Evolutionstheorie war die Entdeckung außerordentlich bedeutsam, denn wie die Wissenschaft heute annimmt, handelt es sich bei diesem Tier um das *missing link,* das Bindeglied, zwischen Echsen und Schlangen.

Der *Varanus komodoensis,* der bis zu vier Meter lang, 150 Kilo schwer und 150 Jahre alt werden kann, vermag auf Bäume zu klettern, zu schwimmen, in nur 20 Minuten sein eigenes Körpergewicht durch Nahrungsaufnahme zu verdoppeln und davon im Notfall bis zu 15 Wochen zu leben. Er frißt alles, was ihm in die Quere kommt – meist wild lebende Schweine und Rehe –, und natürlich die Ziegen, die ihm geopfert werden, damit die Besucher ein unvergeßliches Erlebnis mit nach Hause nehmen können.

Ob er auch Menschen mag, ist umstritten, aber wahrscheinlich, denn einige frühe Besucher Komodos kehrten nie wieder zurück. Deshalb ist es auch verboten, auf der zum Nationalpark erklärten und rund 340 Quadratkilometer großen Insel ohne Park-Ranger auf Entdeckungstour zu gehen. Möglichkeiten für geführte Wanderungen gibt es viele, denn ein Netz von Pfaden überzieht das straßenlose und nur von rund 500 Menschen bewohnte Eiland, das man am besten zwischen April und Oktober besuchen sollte (Trockenzeit). Optimal sind die Monate April und Mai, weil dann, direkt nach der Regenzeit, das stark hügelige Land noch lindgrün anstatt braun verbrannt daliegt, die Hitze (40 Grad Celsius im Schatten sind normal) nicht gar so extrem ist. ■

VII Zusatzangebot Sulawesi

> Um Komplikationen zu vermeiden bzw. ungünstige Wechselkurse zu umgehen, ist es empfehlenswert, noch auf Bali ausreichend Geld zu tauschen.

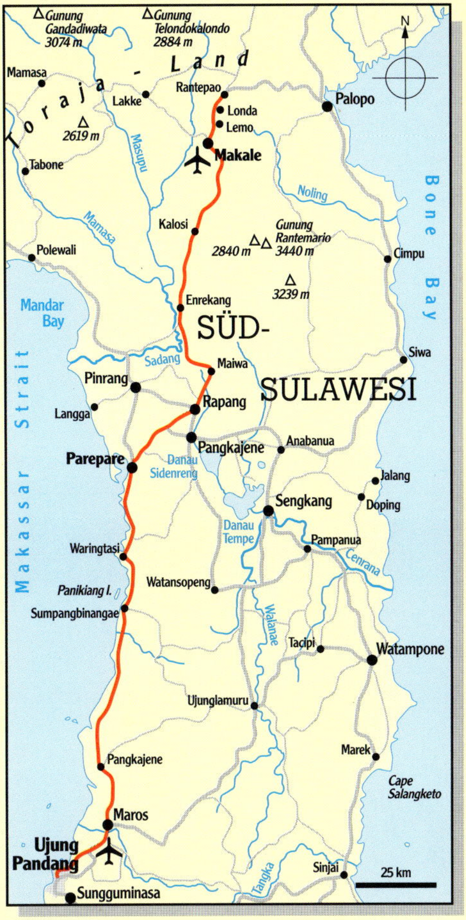

1. Sulawesi – Route: Bali – Ujung Pandang/Sulawesi – Toraja-Land

Abflug mit der frühestmöglichen Maschine von Bali nach **Ujung Pandang** (ca. 1 Std.); ab dem Hasanuddin-Flughafen zum **Pelabuhan Paotere** (Hafen der Frachtensegler) der Stadt und dann über Parepare entlang der Westküstenstraße ins rund 330 km entfernte **Toraja-Land** nach **Rantepao**, wofür ca. 6–7 Std. anzusetzen sind.

2. Sulawesi – Route: Toraja-Land (90 km)

Vormittag — Besichtigung der Dörfer **Lemo** (»Hängende Gräber«) und **Kete Kesu** (traditionelle Häuser) sowie von **Rantepao**, dem touristischen Zentrum der Region, Mittagessen

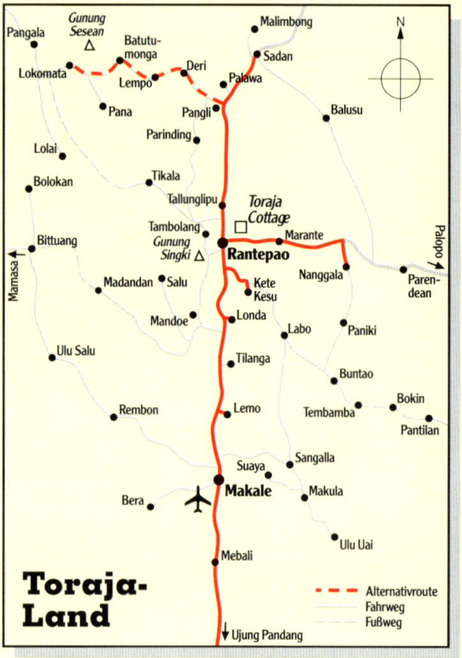

Nachmittag — Besichtigung der Dörfer **Tallunglipu** (prächtiger »Holzpalast«), **Pangli** (mit Megalithen geschmückter Zeremonialplatz), **Palawa** (größtes und am reichsten verziertes traditionelles Haus des Toraja-Landes), **Sadan** (Zentrum der Webkunst). Evtl. Abstecher nach **Lokomata** (35 km, mind. 2 Std.) mit »Hängenden Gräbern«, grandioser Aussicht; oder gleich (aber wegen Schatten nicht vor 16 Uhr) weiter nach **Londa** (Grabhöhlen, größtes Tau-Tau-Figuren-Kabinett des Landes), evtl. abschließend ein Besuch von **Nanggala** (Dorf mit den ältesten und besterhaltenen Reisspeichern)

3. Sulawesi – Route: Rückflug bzw. Rückfahrt von Makale/ Toraja-Land nach Ujung Pandang (ca. 1 Std.) und weiter nach Bali (ca. 1 Std.)

An- und Rückreise:

Bali – Ujung Pandang – Bali: Die indonesische **Garuda** bedient mehrmals tägl. die Route Bali–Ujung Pandang bzw. umgekehrt. Die erste Maschine von Bali startet zwischen 8 und 9 Uhr morgens (1 Std. Flugzeit), die letzte von Ujung Pandang (Hasanuddin Airport) aus zurück verkehrt in den Abendstunden. Kaufen kann man die Tickets (Rückflug gleich reservieren) in unzähligen Reisebüros (in jedem Touristenzentrum) oder direkt bei der Airline (Garuda, Jl. Melati 61, Denpasar, ✆ 22 78 25); die Airporttaxe auf Bali beträgt 4 400 Rupiah, in Ujung Pandang 2 000 Rupiah, 45 Min. vor Abflug sollte man einchecken.

Ujung Pandang – Toraja-Land: Die Distanz beträgt rund 330 km, wofür etwa 6–7 Std. anzusetzen sind. Auto-Verleihstationen gibt es auf Sulawesi nicht, aber dafür unzählige Taxi- und Minibus-Besitzer (auf dem Parkplatz vor der Ankunftshalle des Hasanuddin-Flughafens), die für die Strecke (inkl. dem Abstecher zum Paotere-Hafen von Ujung Pandang) ca. 70 000 bis 100 000 Rupiah verlangen, teils inkl., teils exkl. einem Benzingeld in Höhe von etwa 20 000 Rupiah je Weg. Macht zusammen also rund 100 000 Rupiah, aber auch wenn 120 000 bis 150 000 Rupiah verlangt werden, ist das okay. Soviel kostet auch ein vom Tourist Office vermitteltes Fahrzeug inkl. Fahrer; eine Zweigstelle findet sich direkt in der Ankunftshalle. Sollte sie geschlossen sein, wende man sich an das Hauptbüro (**Kantor Parawisata**, Jl. Ando Pangeran Petta Rani, ✆ 04 11/71 28 während der Bürostunden, bzw. 04 11/2 11 42 zu anderen Zeiten; Mo–Do 7–14, Fr bis 11, Sa bis 13 Uhr), wo man telefonisch bereits im voraus von Bali aus ein Fahrzeug bestellen kann.
Dritte (aber teure) Möglichkeit ist, sich an eines der Reisebüros in Ujung Pandang zu wenden, die nicht nur Fahrzeuge mit Fahrer vermitteln, sondern auch englisch-, französisch- und sogar deutschsprachige Führer, die sich auch im Toraja-Land bestens auskennen. Empfehlenswert sind u. a. **Pacto Ltd.** (Jl. Jen. Sudirman 56, ✆ 04 11/8 32 08).

Im Toraja-Land: Hier vermitteln die Hotels Fahrzeuge. Für den beschriebenen 2. Tag sind maximal 70 000 bis 100 000 Rupiah anzusetzen (je nach Saison und Nachfrage).

Toraja-Land – Ujung Pandang: Entweder erneut mit dem Auto (über die Hotels) oder aber mit dem tägl. verkehrenden Merpati-Flugzeug ab Rantepao-Airport, 24 km südlich Rantepao bei Makale. Z. Zt. der Recherchen konnte man die Tickets nur vor Ort erstehen (über **Toraja Cottage**, Hotel Misiliana und Merpati, Jl. Pongtiku 11, Rantepao, ✆ 38), aber das soll geändert werden, so daß man jetzt vielleicht bereits auf Bali über die Reisebüros oder direkt bei Merpati (Jl. Melati 57, Denpasar, ✆ 22 28 64) fest buchen kann.

Mit öffentlichen Verkehrsmitteln: Zahlreiche Bus-Gesellschaften bedienen die Strecke von Ujung Pandang nach Rantepao/Toraja-Land mehrmals tägl. (9 000 Rupiah); Abfahrtsort bei den jeweiligen Gesellschaften: **Liman Express** (Jl. Laiya 25, ✆ 58 51), **Litha** (Jl. Merapi 101).

Alle vorgestellten Dörfer im Toraja-Land sind ab Rantepao problemlos per Bemo zu erreichen, aber die Verkehrsmittel sind langsam, so daß die vorgestellte Route gut und gerne zwei Tage in Anspruch nimmt.

Sulawesi organisiert:
Nahezu jedes Reisebüro in den Touristenzentren hat mittlerweile eine Tour nach Sulawesi und ins Toraja-Land fest im Programm. Die Mindestteilnehmerzahl beträgt meist zwei Personen, Tourdauer und auch Route sind weitestgehend mit dem hier vorgestellten Programm identisch, wobei aber der Preis zwischen 600 und 1000 US-Dollar pro Person beträgt. Die Kosten der selbst organisierten Reise liegen – dies zum Vergleich – bei maximal 250 US-Dollar pro Person (!), wenn man stets die teuersten Möglichkeiten wahrnimmt.

Sulawesi – Informationen

Pelabuhan Paotere – Hafen der Frachtensegler
Jl. Martadinata, Ujung Pandang
Der gegenwärtig wahrscheinlich größte Hafen für Segelschiffe auf der Welt; ständig liegen hier mehr als ein Dutzend *Pinisi*-Schoner vor Anker. – Herrliche Ansichten, einzigartige Eindrücke, zumal es kein Problem ist, an Bord solcher Schiffe zu gehen.

In Ujung Pandang
Für den Fall, daß man in Ujung Pandang übernachten will oder muß (weil etwa ein Anschluß nicht funktioniert etc.), hier einige Hotel-Empfehlungen:

Die Top-Adresse in Ujung Pandang ist das **Makassar Golden Hotel** (Jl. Pasar Ikan 52, ✆ 2 22 08; $$$$$), wo auch verwöhnte Reisende alles nach ihrem Geschmack finden werden. Funkelnagelneu und eingerichtet nach internationalem First-class-Standard präsentiert sich das **Marannu City Hotel** (Jl. Sultan Hasanuddin 3, ✆ 2 14 70; $$$$–$$$$$). Elegant und günstig sind die Komfortzimmer im **Victoria Hotel** (Jl. Jen. Sudirman 24, ✆ 2 14 29; $$–$$$), wohingegen man im **Ramayana** (Jl. Bawakaraeng 121, ✆ 2 21 65; $$–$$$) nur günstig und sauber wohnt.

Toraja-Land/Rantepao:

Touristisches Zentrum des südlichen Toraja-Landes, in dem sich die berühmten Ausprägungen der jahrtausendealten Toraja-Kultur finden (»Hängende Gräber«, Holzbau-Architektur, *Tau-Tau*-Figuren), ist der Ort **Rantepao**, in dem bzw. um den herum sich alle nachfolgend aufgeführten Unterkünfte etc. finden. Insgesamt gibt es dort z. Zt. über 70 Herbergen aller Kategorien, zu Engpässen kann es lediglich im Hochsommer kommen, und auch das nur in den beiden erstgenannten Hotels, wo üblicherweise die Gruppenreisenden untergebracht werden.

Toraja Cottage
Jl. Paku Balasara
✆ 2 12 68
Die Cottages dieser 3-Sterne-Anlage sind locker auf einem 4 km außerhalb von Rantepao gelegenen Hügel verteilt, bieten schöne Sicht und den größten im Toraja-Land erhältlichen Komfort.

Angeschlossen sind ein Swimmingpool sowie Restaurant und Bar. $$$$

Hotel Misiliana
Jl. Makale
✆ 2 13 67
62 mit Balkons ausgestattete Zimmer der Mittelklasse (zwei Sterne). Empfehlenswertes Restaurant (indonesische, chinesische und internationale Küche). $$$

Hotel Indra
Jl. Landorundum 63
✆ 2 11 63

Zentral und doch ruhig gelegene Anlage im Toraja-Stil (Zimmer mit Bad/WC), zumeist von Rucksackreisenden frequentiert. Empfehlenswertes Restaurant, in dem auf Bestellung auch Toraja-Spezialitäten serviert werden. $$

Wisma Maria

Jl. Ratulangi

Zimmer (mit Bad/WC) in einem zweigeschossigen Langbau; ca. 5 Gehminuten ins Zentrum von Rantepao. Günstig, dennoch gut und sauber. $$

Zahlreiche Souvenirgeschäfte auf der Hauptstraße von Rantepao (Jl. Pahlawan) bieten insbesondere Miniaturausgaben von traditionellen Toraja-Häusern, Holzarbeiten jeder Art und Größe, die mit den klassischen geometrischen Ornamenten der Toraja verziert und den traditionellen Farben rot, weiß, gelb und schwarz bemalt sind. Ansonsten viele Webarbeiten, Silberwaren und Münzen. Wahre Berge von »Mariatheresientalern« und »Straits-Dollars« werden feilgeboten – alles Imitationen.

Tourist Information Centre

Jl. A. Yani

✆ 2 12 77

Kompetentes Personal, das mit Rat und Tat zur Seite steht, wenn man über die vorgestellten Dörfer hinaus andere Ortschaften besuchen, eventuell eine Trekking-Tour unternehmen möchte (Touren bis zu 2 Wochen Länge sind möglich; Führer werden hier vermittelt), nach Zentral- und Nord-Sulawesi weiterreisen oder einfach wissen will, wann das nächste Totenfest stattfindet.

Sulawesi: Bauer mit seinem Wasserbüffel

VII Sulawesi
Geheimnisvolles Toraja-Land

Zusatzangebot

Reisende, die von Bali in einstündigem Jetsprung nach **Ujung Pandang** herüberkommen, der mit über einer Million Einwohnern sechstgrößten Stadt des indonesischen Archipels, sehen sich ihrer meist exotischen Erwartungen beraubt. Die hektische und geschäftige Metropole Sulawesis zeigt sich fortschrittlich, kaum jedoch charmant. Sie ist ein Moloch, der ständig wächst, reichlich Armut und auch manche Häßlichkeit kennt.

Die Tage des alten *Makassar*, wie Ujung Pandang früher hieß, sind eben längst dahin, doch sucht man nostalgisch ihre Spuren, kann man am Pelabuhan Paotere fündig werden. Dort, am alten Hafen, liegen meist Dutzende von Windjammern vor Anker, die ihre schnittigen weißen Holzleiber über die Kaianlage recken. Turmhohe Masten knarren im Wind, weiße Segel flattern, und Matrosen klettern in Rahen umher. Dockarbeiter sind unermüdlich damit beschäftigt, Frachtsäcke über schmale Holzplanken an Bord der bis zu 40 Meter langen, 15 Meter breiten und über 250 Tonnen schweren Segler zu schleppen.

Weberin in Sadan

Die Heimathäfen dieser *pinisi* genannten Schoner befinden sich größtenteils hier auf Sulawesi, wo sie, im äußeren Süden, auch heute noch und wie zu Urgroßvaters Zeiten vom Volk der *Bugis* aus Teakplanken und Holzdübeln zusammengezimmert werden. Bei guten Windverhältnissen können die Schiffe stolze 15 Knoten erreichen. Bis ins ferne Sumatra, Irian Jaya oder zu den Philippinen tragen sie ihre Lasten. Ein Innenausbau, wie wir ihn kennen, ist unbekannt, geschlafen wird auf Deck, und auch Kompaß und Sextant sind den meisten Bugis-Kapitänen bis auf den heutigen Tag fremd geblieben. Sie orientieren sich an den Sternen, Strömungen, an der Wasserfarbe, können – wie es heißt – Korallenriffe riechen und gelten als die intimsten Kenner aller Meere des indonesischen Archipels.

Aber die Konkurrenz der Motorschiffe wird übermächtig, und so gehen die Bugis mehr und mehr dazu über, ihre Schoner zusätzlich zu den traditionellen Rechtecksegeln mit Motoren auszustatten. Auch werden heute nicht mal mehr halb so viele Segelschiffe gebaut wie noch vor zehn Jahren, und es ist wohl nur eine Frage der Zeit, bis moderne Stückgutfrachter und Containerschiffe der Wind-

Pelabuhan Paotere, der alte Hafen von Ujung Pandang

jammer-Ära auch hier endgültig den Garaus machen. Doch noch kann man sich am Anblick der eleganten Schoner erfreuen und vielleicht auch mal einen Blick auf Deck werfen.

Rund 330 Kilometer beträgt die Entfernung zwischen Ujung Pandang und dem kulturellen Zentrum der Toraja, dem Land der weltberühmten »Hängenden Gräber«. Um dorthin zu gelangen, müssen wir den gesamten Südarm von Sulawesi durchqueren, das aus vier Halbinseln besteht und wie eine weit geöffnete Orchideenblüte zwischen Borneo, den Molukken und den Philippinen aus dem Meer ragt. Mit ihren wild zerklüfteten, bis über 3400 Meter hohen Gebirgen, ihren Seen, unzugänglichen Urwäldern und weltentrückten Stränden ist diese Große Sundainsel bis heute von Geheimnissen umwittert.

Auch wenn Ujung Pandang das Herz von Sulawesi sein mag, charakteristisch für Sulawesi ist es nicht. Davon kann man sich schon bald überzeugen, denn kaum liegt die Peripherie der Stadt hinter uns, schlängelt sich die nur noch spärlich und zunehmend von Ochsenkarren befahrene Straße durch Palmpflanzungen und Reisterrassen, bevor sie an lange Sandstrände heranführt. Herrliche Blicke auf den Ozean mit zahllosen kleinen Inseln, palmenbedeckten Atollen und sanften Lagunen tun sich auf. Verführerisch schimmern die Korallenriffe durchs glasklare Uferwasser, und immer wieder werden kleine Dörfer passiert, die noch genauso aussehen, wie sie Joseph Con-

Giebelseite eines Tongkonan-Hauses in Palawa

rad in seinem »Lord Jim« oder »Freya von den sieben Inseln« zu Anfang dieses Jahrhunderts beschrieben hat.

Bei Parepare, einer vitalen Hafenstadt auf etwa halber Strecke, wird man kurzzeitig von der Gegenwart eingeholt, aber dann verläßt die Straße den flachen Saum der Westküste und führt durch ein liebliches, sanft gewelltes Hügelland hindurch. Die äquatoriale Hitze weicht einer milden Frische, goldgelbes, kniehohes Steppengras und die üppiggrünen Reisfelder der Niederungen bilden eine prächtige Kulisse. Je weiter man kommt, desto dünner besiedelt ist das allmählich ansteigende Land, aus dem bald grauschwarze, urwaldgesäumte Felsgiganten aufragen.

Nach etwa sechs bis sieben Stunden Fahrt wird der Rand des zwischen 900 und 1 300 Meter hoch gelegenen **Tana Toraja** (Toraja-Land) erreicht, markiert von *Tongkonan*-Häusern, die mit ihren kühn geschwungenen Satteldächern in Form eines Schiffsrumpfes eine Meisterleistung der indonesischen Holzbaukunst darstellen. Nach Meinung vieler Ethnolo-

gen deuten die ungewöhnlichen Konstruktionen auf eine Vergangenheit der Toraja als Seefahrer und Bootsbauer hin. Und tatsächlich muß sich dieses altmalaiische Volk einst dem Meer anvertraut haben, als es vor über 4 000 Jahren aus dem südchinesischen Raum hierhin einwanderte.

Am nächsten Morgen steht ein Besuch der Dörfer Lemo und Kete Kesu auf dem

Die vorgezogenen Satteldächer der Tongkonan-Häuser erinnern an Schiffsrümpfe

Programm, denn nur bis gegen 10 Uhr, wenn die Siedlungen noch ganz archaisch im zarten Dunstschleier liegen, sind die Lichtverhältnisse optimal. Später, wenn die Besucherscharen eintreffen, geht es sehr touristisch und teils wie auf einem Souvenirmarkt zu.

Zuerst fahren wir nach **Lemo**, ein paar Kilometer südlich von Rantepao, bekannt als das Dorf mit den spektakulärsten »Hängenden Gräbern«. Der 40 Meter hohen, senkrecht aufragenden Felswand hinter dem Ort verdankt Lemo seinen touristischen Stellenwert, denn dort dienen Hunderte künstliche Steinkavernen den Verstorbenen des Dorfadels (*makada*) als letzte Ruhestätte. Vor den Grabkammern wurden kleine Nischen eingemeißelt, und darin stehen hölzerne *Tau-Tau*-Figuren, die als symbolische Abbilder der Verstorbenen oft deren realistische Züge tragen. Sie gelten als Aufenthaltsort ihrer Seelen und sollen auch als Grabschützer dienen.

Leider wurden von Grabschändern zwischen 1983 und 1987 über 100 der ältesten und von neurotischen Kunstsammlern am höchsten dotierten Figuren gestohlen. Die betroffenen Familien sahen ihr Heiligstes verloren, die Toten jetzt schutzlos dem Bösen ausgeliefert – und retteten, was zu retten war: Sie entfernten die wenigen verbliebenen Figuren und stellten sie in den Schutz ihrer Häuser. Kahl und schmucklos präsentierten sich nun die Gräber. Die Touristen fühlten sich um eine Attraktion geprellt. Bestürzung zeigte auch das Touristik-Ministerium in Jakarta, um unverzügliches Wiederaufstellen wurde »gebeten«. Ob die Toraja dieser Aufforderung nun nachkamen oder statt dessen Imitationen plazierten, bleibt ungewiß. Heute zeigt sich die Galerie der Ahnen von Lemo zwar gelichtet, aber doch weitgehend authentisch.

Auf der Weiterfahrt kommt man an Londa, dem zweitberühmtesten Dorf des

Toraja-Landes vorbei. Da es aber bis zum späten Nachmittag im Schatten liegt, steht es erst am Ende der heutigen Route auf dem Programm.

Tau-Tau-Galerie an der Grabwand von Lemo – jede Figur stellt einen Toten dar

Das nächste Ziel, **Kete Kesu**, wurde in den vergangenen 20 Jahren, in denen sich das Toraja-Land zu einem Touristenmagneten entwickelte, mehrfach restauriert und präsentiert sich heute mit 16 überaus schmucken Tongkonan-Häusern in einem gepflegten musealen Zustand. Die Hauptfassaden der meisten

Toraja-Haus mit Jesusbild in Pangli

Häuser sind mit Büffelköpfen und -hörnern und verschiedenfarbigen Mustern verziert. Das Schmuckwerk spiegelt den sozialen Status der Eigentümer wider, wohingegen die Farben der Ornamente symbolischen Charakter haben: Gelb steht für die Gestirne und die Götterwelt, Schwarz für den Tod, Rot und Weiß symbolisieren das Leben. Und wie sich alles zwischen Tod und Leben spannt, oder – gemäß der Toraja-Kosmologie – zwischen Süden (Sphäre des Todes) und Norden (Sphäre des Lebens), so sind auch die Häuser selbst exakt nach diesen beiden Gegenpolen ausgerichtet.

Über einen Trampelpfad gelangt man zu einem Grabplatz in einer Nische unter einer überhängenden Felswand, zu dem mehrere Tau-Tau-Figuren, verzierte Steinsärge und dekorativ drapierte Skeletteile von Verstorbenen gehören.

Rantepao, das administrative Zentrum der gesamten Region, hat zwar keinerlei interessante Gebäude aufzuweisen, aber dafür Souvenirläden ohne Ende. Was angeboten wird – Kunsthandwerk aus dem Toraja-Land –, kennt man schon von Bali, doch die Preise sind viel niedriger. Auch an Restaurants herrscht kein Mangel. Die Palette der Gerichte ist groß, aber alle Speisen sind dem europäischen Geschmack angepaßt. Wer Authentisches kosten will, sollte sich an seinen Fahrer wenden und nach einem *Rumah Makan Toraja* fragen. Dort gibt es dann etwa Huhn im Bambusrohr (*piong ayam*) oder Hühnchen mit Reis und Kokosmilch in jungem Bambus gedünstet (*paprong*) und dazu *balok*, den lokalen Palmwein, der säuerlich und erfrischend ist, freilich auch sehr schnell den Geist verwirren kann.

Das nächste Ziel heißt **Tallunglipu**. In diesem Dorf erhebt sich ein mächtiges Tongkonan-Haus, unter dessen Giebelfirst zwei Totenköpfe in einem Glaskasten prangen. Sie sind Relikte aus jenen Tagen, als zum Anlaß von Begräbniszeremonien nicht nur Büffel und Schweine geopfert wurden, sondern hier und da auch mal Sklaven. Menschenopfer hat es seit Anfang unseres Jahrhunderts nicht mehr gegeben, aber Tieropfer sind beim Totenfest noch immer gang und gäbe. Je nach Ansehen des Toten werden bis zu hundert Büffel rituell getötet – manche kosten über 10 000 Mark.

Nach dem Glauben der Toraja leben die Verstorbenen in einer jenseitigen Welt weiter, die ein Abbild des Diesseits ist. Wer also im Leben einen hohen Rang innehatte, der behält ihn für alle Zeiten. Deshalb muß ihm zum Totenfest die entsprechende Anzahl an Statussymbolen (eben insbesondere Büffel) geopfert werden. Damit wird verständlich, warum jeder Versuch der indonesischen Regierung, diese die Volkswirtschaft schädigenden Rituale zu beenden, fehlschlägt.

Selbst diejenigen Toraja, die sich heute Christen nennen (rund 50 Prozent), halten an den überkommenen Totenbräuchen und der damit verbundenen Ahnenverehrung fest. Längst schon haben die Missionare (seit Anfang des Jahrhunderts rege tätig) und auch Jakarta resigniert.

Heute ist das Tourismusministerium sehr erpicht darauf, daß alles beim alten bleibt, denn solche Feste, blutrünstig und daher fotogen, sind besondere Anziehungspunkte. Deshalb hält man die Dörfer dazu an, ihre *rambu solo* genannten Feierlichkeiten mit der Ankunft großer geführter Reisegruppen zeitlich abzustimmen ...

Das nächste Dorf ist **Pangli**; seinen Zeremonialplatz schmücken Megalithen und eine in einem Steinsessel ruhende Tau-Tau-Figur. In **Palawa**, zwei Kilometer entfernt, steht das größte und am überschwenglichsten mit mehr als 70 Büffelköpfen verzierte Tongkonan-Haus des Landes, und in **Sadan** schließlich, am Ende dieser Nordroute, wird in mehreren Häusern noch nach traditioneller Art auf horizontalen Webstühlen gewebt.

Langsam müssen wir an die Rückfahrt nach Rantepao denken, doch wer sich in den einzelnen Orten nicht allzulange aufgehalten hat, dem bleibt noch Zeit für einen Abstecher nach **Lokomata**. Das Dorf an den Hängen des 2156 Meter hohen Gunung Sesean ist berühmt für sein Panorama über das ganze Toraja-Land und einen monumentalen Bestattungsfelsen ähnlich dem von Lemo.
Auf dem Weg dorthin passiert man u.a. Lempo (riesiges Tongkonan-Haus) sowie Batutumonga (grandiose Aussicht). Aber nicht jeder Fahrer traut es sich und seinem Vehikel zu, der zwischen Palawa und Pangli beginnenden Piste dorthin zu folgen (hin und zurück mindestens zwei Stunden).

Von **Rantepao** aus geht es weiter nach Süden, um im Licht der bereits nach Westen gewanderten Sonne das Dorf **Londa** zu besuchen bzw. den aus wuchernden Grün herausragenden Kalksteinfelsen des Ortes. Hier sind zwei Höhlen zu besichtigen und insbesondere die auf zwei Simsen über den Eingängen errichteten Balkone, auf denen, eng gedrängt, das größte Tau-Tau-Figuren-Kabinett des Landes steht. Den Weg durch die Höhlen leuchtet uns ein Führer aus. Im linken Gang liegen unzählige, teils mit Totenköpfen dekorierte Särge kreuz und quer, im rechten Berge von Knochen und die Schädel eines Liebespaares, das sich vor Gram selbst erdrosselte, weil es nicht zusammensein durfte – anbei auch der dazugehörige Strick.

Wer noch mehr sehen möchte, der sollte an den Toraja Cottages vorbeifahren zum rund zehn Kilometer entfernten Dorf **Nanggala**, wo sich in Doppelreihe 14 traditionelle Reisspeicher, *alang*, befinden, die als die ältesten und besterhaltenen im ganzen Land gelten. ■

Kleiner Junge auf einem Wasserbüffel

VIII SERVICETEIL

REISEPLANUNG

REISEDATEN

SPRACHHILFEN

Anreise/Einreise/Abreise

Seit kurzem wird Denpasars internationaler Flughafen Ngurah Rai auch von Europa aus direkt angeflogen. Knapp 18 Stunden dauert es, die rund 13 000 km lange Distanz zu bewältigen. Lediglich eine Zwischenlandung legen die holländische KLM, die Lufthansa, Singapore Airlines, die australische Quantas, die thailändische Thai und die indonesische Garuda ein. Während man sich bei den erstgenannten vier Gesellschaften in Singapur 1–2 Stunden lang die Beine vertreten bzw. – konkurrenzlos preiswert, falls nicht kostenlos – auch einen Stopover einschieben kann (s. auch »3 x Singapur«), fliegt Garuda die indonesische Kapitale Jakarta und Thai die Metropole Bangkok an. Aber auch viele andere Fluggesellschaften bieten – meist in Zusammenarbeit mit Garuda – das Ziel Denpasar/Bali an.

Garuda gewährt ihren internationalen Fluggästen – wenn sie aus Europa anreisen – bis zu 50 % Rabatt auf Inland-Anschlußflüge *(add-on flights)*. Die Flugroute muß aber schon vor Abflug nach Indonesien festgelegt *(Open-date*-Tickets sind möglich) und die Flugscheine müssen in Europa gekauft werden. In Genuß dieser Sonderkonditionen kommt auch, wer mit einem sogenannten Billigflug anreist (gute »Billigflug« -Reisebüros besorgen einem die Tickets).

Die Flugpreise sind dann am niedrigsten, wenn sie nicht bei den Airlines direkt, sondern in einem »Billigflug«-Reisebüro erstanden werden. Aberhunderte solcher Agenturen haben sich allein in Deutschland etabliert (man findet ihre Inserate z. B. in Tageszeitungen, Reisemagazinen etc.). Frankfurt–Denpasar–Frankfurt ist – man höre und staune – durchaus schon ab 1 600 Mark möglich. Der reguläre IATA-Tarif liegt 1995 in der Touristenklasse für hin und zurück bei 6 722 Mark (erste Klasse 11 886 Mark). Solche Tickets kann man kurzfristig buchen, kann auch kurzfristig und kostenlos wieder vom Flug zurücktreten, nicht benutzte Flugscheine retournieren.

Aber auch wer solche Konditionen nicht benötigt, sollte, bevor er sich preisgefrustet an ein »Billigflug«-Büro wendet, durchaus die Fluggesellschaften direkt kontaktieren, denn diese bieten mittlerweile zahlreiche Sondertarife, die unbedingt konkurrenzfähig sind. Etwa den *Excursion-, Flieg & spar-, Superflieg & spar-, Special-, Junior & Senior-* und *Holiday*-Tarif. Insbesondere letzterer ist der »Renner«, kostet nämlich bei der Garuda nur zwischen 1 842 und 2 788 Mark (je nach Reisezeit) für Deutschland (beliebiger Abflughafen) – Bali – Deutschland. Zu berücksichtigen ist in jedem Fall, daß bei Flügen zwischen Juni und August sowie über Weihnachten mit Engpässen bei der Buchung zu rechnen ist, man also rechtzeitig reservieren sollte.

Garuda Indonesian Airlines:
Poststr. 2-4
D-60329 Frankfurt
✆ (069) 238 06 88

Sumatrastr. 24
CH-8006 Zürich
✆ (01) 363 64 44

Fleischmarkt 14
A-1010 Wien
✆ (0222) 513 40 70

Einreise

Für die Einreise nach Indonesien ist ein Reisepaß erforderlich, der am Tag der Ankunft noch mindestens 6 Monate lang gültig sein muß; auch Kinder (selbst Säuglinge) benötigen einen Reisepaß. Außerdem muß man in Besitz eines Ausreisetickets sein, *open date* wird akzeptiert. Europäer sind von der Visumpflicht befreit, sofern sie sich als Touristen deklarieren: Sie bekommen bei der Einreise einen kostenlosen Sichtvermerk in den Paß, der zu einem Aufenthalt von maximal 60 Tagen berechtigt. Wer länger bleiben möchte, muß das Land verlassen, kann anschließend wieder einreisen und erhält einen weiteren Sichtvermerk für 60 Tage. Für Geschäftsreisende besteht Visumpflicht, Anträge sind zu beziehen über die diplomatischen Vertretungen von Indonesien (s. u.).

Pflichtimpfungen werden nicht verlangt, Schutzimpfungen gegen Cholera und Gelbfieber sind nur Reisenden aus Epidemie- oder Infektionsgebieten vorgeschrieben, sie müssen im Internationalen Impfpaß eingetragen sein.

Reiseplanung

Vor der Reise sollten Sie sich über aktuelle Details beim Fremdenverkehrsamt erkundigen.

Indonesische Botschaften:
Bernkasteler Str. 2
D-53175 Bonn
✆ (0228) 38 29 90

Elfenauweg 51
CH-3006 Bern
✆ (031) 44 09 83

Gustav-Tschermkagasse 5-7
A-1180 Wien
✆ (0222) 34 25 33

Abreise
Bei der Abreise werden am Eincheckschalter 11 000 Rupiah Flughafensteuer erhoben, bei nationalen Flügen sind es 4 400 Rupiah.

Wer überschüssige Rupiah in ausländische Währungen rückumtauschen will, benötigt dafür in der Regel die offiziellen Umtauschquittungen der Banken; im Duty-free-Shop des Flughafens werden keine Rupiah akzeptiert (nur Dollar).

Auskunft

Das Indonesische Fremdenverkehrsamt in Frankfurt (auch für die Schweiz und Österreich zuständig) verschickt kostenlos allgemeine Broschüren, Festival- und Hotelverzeichnisse etc.
Indonesisches Fremdenverkehrsamt
Wiesenhüttenplatz 17
D-60329 Frankfurt
✆ (069) 23 36 77

Fahrzeugmiete

Für die Miete eines Autos oder Motorrads wird in Indonesien der Internationale Führerschein verlangt. Auf Bali – aber auch nur dort – kann man einen für Motorräder gültig geschriebenen (und nur auf Bali gültigen) Führerschein innerhalb weniger Stunden erwerben (der Vermieter bringt einen zur »Fahrschule«). Leihwagen und Leihmotorräder werden in allen balinesischen Touristenzentren zuhauf angeboten, aber in Kuta/Legian ist das Angebot am größten und sind die Fahrzeuge – aufgrund der starken Konkurrenz – auch am günstigsten (die Preisersparnis beträgt bis zu 50 %!).

Motorräder, des Touristen liebstes Vehikel auf Bali, gibt es sowohl in Enduro- als auch Straßenversion (meist 125er Honda, Yamaha etc.), und die Kosten belaufen sich auf maximal rund 10 Mark/Tag, bei längerer Mietdauer bekommt man so ein Gefährt auch problemlos für etwa 7 Mark/Tag. Es besteht Helm- und auch Versicherungszwang, die Police kostet um 20 Mark/ Woche.

Auch **Leihwagen** sind spottbillig, Vollkasko-Versicherung ist obligatorisch und sollte im Preis enthalten sein (Police zeigen lassen, Versicherungsbedingungen genau durchlesen). Gewöhnlich legt der Vermieter zuerst einen Vertrag vor, der eine Selbstbeteiligung des Mieters im Falle von Unfall oder Diebstahl (US $ 300–500) vorsieht. Oft wird sogar eine teure Zusatzversicherung angeboten, die manchmal pro Tag mehr als die ganze Automiete betragen kann. Durch Verhandeln erreicht man aber häufig die ersatzlose Streichung der Selbstbeteiligungsklausel. Beliebtestes (und für Bali optimales) Gefährt ist der Suzuki-Allradjeep (4 Sitzplätze), der in seiner Planendachversion um 35 Mark/Tag kostet, bei Wochenmiete oft gar für 25 Mark/Tag zu bekommen ist. Das rundum geschlossene Modell, dann meist mit Air-conditioning ausgestattet, ist bei Tagesmiete für etwa 40 DM zu haben. Das zweitpopulärste Gefährt, ein Toyota Kayang (4–6 Sitzplätze, meist mit Aircon) kostet um 50 Mark. – Dies die Preise in Kuta; in Sanur sind sie teils doppelt so hoch, am teuersten aber in Nusa Dua. Kaution kann verlangt werden, wird aber meist nicht.

Vor Hinterlegung eines Passes (was vereinzelt gefordert wird) ist dringend zu warnen. Und generell: Wer nicht vergleicht, noch wichtiger, wer nicht handelt, zahlt gewaltig drauf. Zu berücksichtigen ist noch, daß die meisten Mietfahrzeuge nur für Bali zugelassen sind, nicht für Fahrten nach Lombok oder Java; solche Gefährte sind selten zu finden und stets teuer.

Daß man sich den Mietwagen vor Übernahme genau ansieht, sollte selbstverständlich sein. Bei einem Schaden ist der Vermieter zu verständigen, der dann kommt, um den Fehler zu beheben oder ein Ersatzfahrzeug zur Verfügung zu stellen. Bleibt abschließend noch zu erwähnen, daß es auch problemlos möglich und unvergleichlich billig ist, den Mietwagen z. B. nicht an der Verleihstation wieder zu übergeben, sondern abholen zu lassen: das kostet maximal um 30 Mark.

Nachfolgend einige Adressen empfehlenswerter Verleihfirmen:

Avis
Bali Hyatt Hotel
Sanur
✆ 28 82 71, 28 50 23
Die Leihfahrzeuge dieser Firma sind zwar im Vergleich am allerteuersten, aber auch am besten gepflegt.

Bali Car Rental Service
Bypass Ngurah Rai 17
Sanur
✆ 28 83 59

PT. Ria Safari Tour
Jl. Melasti 1, Legian
Kuta
✆ 75 15 92
Vermietet auch Wagen mit Chauffeur.

Kuta International
Jl. Legian 1
Kuta
✆ 75 18 21
Vermietet auch Wagen mit Chauffeur.

Wer sich nicht zutraut, mit dem Linksverkehr klarzukommen (was gar nicht schwer ist, nur gewöhnungsbedürftig), oder einfach nicht selber fahren möchte bzw. keinen Führerschein besitzt, darf sich auf Bali auch in dieser Hinsicht im Paradies wähnen, denn von der Frage *»Do you want any transport?«* wird man in allen Touristenzentren auf Schritt und Tritt verfolgt. Das Angebot umfaßt **Minibuscharter inklusive eines Chauffeurs**, der in aller Regel auch Englisch spricht, natürlich so manche Frage beantworten, als Dolmetscher fungieren und überhaupt außerordentlich hilfreich sein kann. Das Gefährt bietet üblicherweise mindestens 6 Personen einen ausreichend dimensionierten Sitzplatz und kostet pro Tag, alles (auch Benzin) inklusive, je nach Strecke und unbedingt nach Handeln um 50–70 Mark. Einigt man sich auf eine mehrtägige Charter, sind 50 Mark/Tag ein guter Preis, freilich ist auch Streckenmiete möglich; für die Distanz von Kuta nach Candi Dasa etwa (1. Route) muß man rund 25 Mark ansetzen, bzw. 40 Mark, wenn man sich an die vorn genannten Zeitvorgaben hält. Läßt man sich vom Hotelpersonal einen Wagen mit Fahrer vermitteln, ist auf die genannten Preise eine Kommission aufzuschlagen (um 30 %). Wendet man sich an die Rezeption, wird einem oft ein hoteleigenes Fahrzeug aufgeschwatzt, das dann zwei- bis dreimal so teuer kommt.

Wer eine sehr aktive Ader hat, kann auch ein **Fahrrad** mieten. Normale Dreigang-»Drahtesel« kosten um 2 Mark/Tag bei Wochenmiete, aber überall in den Touristenzentren (insbesondere in Kuta, Candi Dasa, Lovina und Ubud) bekommt man auch hochwertige und gepflegte japanische/australische Mountain Bikes mit 18 bzw. 21 Gängen und Shimano-Schaltung für etwa 7 Mark/Tag bei Tagesmiete oder 5 Mark/Tag bei Wochenmiete. Wer so auf Bali zu reisen gedenkt, braucht freilich gute, teils auch »bärige« Kondition (25 % Steigung sind nichts Außergewöhnliches), Packtaschen (von zu Hause mitbringen) und natürlich wesentlich mehr Zeit, als von uns angegeben, wenn er die Routen nachvollziehen möchte.

Frauen alleine

Auch für solo reisende Frauen stellt sich Bali als ein kleines Paradies dar, denn die lästige Anmache seitens einheimischer »Mannesmänner«, die die Urlaubsfreude in so manchem Reiseland drastisch schmälern kann, ist hier die absolute Ausnahme. Die Würde der Frau gilt wie die des Mannes als unantastbar. Schon ein Hinterherpfeifen käme dem Brechen eines Tabus gleich, und wem nicht jegliche Sensibilität für das Gastland abgeht (wer also nicht nackt badet, keine aufreizende Kleidung trägt), wird hier kaum einen Anlaß zur Klage finden.

Reiseplanung

Geld/Devisen

Die indonesische **Währung** ist die *Rupiah*, sie verliert zunehmend an Kaufkraft; drastische Abwertungen im Zwei- bis Dreijahresturnus sind normal. Zur Zeit der Überarbeitung gab es rund 1 300 Rupiah für 1 Mark, 2 500 Rupiah für 1 US $, 1 300 Rupiah für 1 sFr und 186 Rupiah für 1 öS. Man darf sich nicht wundern, wenn diese Relationen heute schon wieder überholt sind, weshalb die Preise in diesem Buch auch stets in Mark oder US-Dollar angegeben sind.

Es gibt **Münzen** zu 5, 10 (2 Sorten), 25, 50 und 100 Rupiah sowie **Geldnoten** zu 100, 500, 1000, 5 000 und 10 000 Rupiah (je zwei Sorten sind im Umlauf). Beim **Umtausch** in den lizenzierten Wechselstuben (tägl. meist von 9–20 Uhr geöffnet) und Banken (Mo–Fr 8–12 oder 14/15 Uhr, Sa bis 11 Uhr) sollte man sich einen Teil des Betrages stets in kleinen Notierungen auszahlen lassen, denn auf 5 000er- oder gar 10 000er-Scheine kann außerhalb der Touristenzentren kaum jemand herausgeben. Das hängt mit den Verdiensten zusammen: Ein Plantagenarbeiter bekommt für seine Mühen um 2 000 Rupiah pro (Zehnstunden-) Tag, selbst ein Beamter bringt kaum mehr als 6 000 Rupiah am Tag nach Hause.

Entsprechend günstig ist Bali als Reiseland. Außerhalb der Touristenzentren (wo die Preise der Kaufkraft der Gäste angepaßt sind) ist es kein Problem, für 40 Pfennige ein Mittagessen, für 5 Mark ein Quartier für die Nacht zu bekommen. So gibt es Bali-Reisende, die mit 15 Mark pro Tag auskommen und dabei gar nicht mal schlecht leben. Mit dem doppelten Tagessatz kann man fast schon aus dem vollen schöpfen. Wer der Rundreise dieses Buches folgt, dabei in Unterkünften der Mittelklasse nächtigt, kann inklusive Leihwagen, Benzin und aller Nebenkosten mit etwa 70 Mark pro Tag seinen Aufenthalt komfortabel bestreiten.

Für die Reisekasse bietet sich die Mitnahme von **Traveller Cheques** an, die – für einen reinen Bali-Aufenthalt – auf DM oder sFr ausgestellt sein können. Nur wenn ein Besuch der Außeninseln (etwa Lombok, Sulawesi etc.) eingeplant ist, sollte man US-Dollar-Schecks bevorzugen. Für Notfälle bietet es sich an, einen Teil des Reisebudgets in **Bargeld** mitzuführen (möglichst US-Dollar in kleinen Scheinen). **Euroschecks** kann man getrost zu Hause lassen (werden hier nirgends akzeptiert), anders **Kreditkarten**, denn das Bezahlen mit Plastikgeld funktioniert in allen Touristenorten problemlos.

In den besseren Hotels und Restaurants sowie in den meisten Souvenirgeschäften werden die gängigen Karten anstandslos akzeptiert. Sehr hilfreich sind insbesondere *Mastercard, Visa* und *American Express.* Auch Barauszahlungen sind möglich, vor der Abreise läßt man sich am besten eine Liste der Akzeptanzstellen zuschicken.

Gesundheitsvorsorge

Impfungen sind, wie gesagt, nicht zwingend vorgeschrieben und, sofern man nur Bali als Aufenthaltsort in Indonesien einplant, auch eigentlich nicht erforderlich. Für einen Besuch von Komodo, Lombok und Sulawesi hingegen (Zusatzangebote) empfehlen Tropeninstitute prophylaktische Maßnahmen gegen Tetanus, Polio, Typhus, Hepatitis A und vor allem gegen Malaria. Ein Beratungsgespräch beim Arzt ist zu empfehlen.

Wer bestimmte Medikamente regelmäßig einnehmen muß, sollte sie in ausreichender Menge mitnehmen. Im übrigen sind die *Apotik* in den Touristenzentren sowie in Denpasar gut sortiert, alle gängigen Pharmazeutika sind erhältlich, werden meist rezeptfrei und wesentlich billiger als bei uns abgegeben.

Das medizinische Niveau der Ärzte auf Bali ist minimal, und nur in Denpasar sowie den Touristenzentren findet man solche, denen man sich anvertrauen möchte. Bei der Suche nach einem Arzt, der in der Regel auch Englisch spricht, wende man sich an das Hotelpersonal oder an das Tourist Office in Denpasar bzw. Kuta (s. Routen 9 und 10).

Die wichtigsten Vorbeugemaßnahmen gegen Krankheiten lauten hier, wie überall in Asien: Finger weg von Salaten, Speiseeis, Leitungswasser, Getränken mit Eiswürfeln und insbesondere auch ungeschältem Obst. Wer diese Regeln nicht einhält, hat selber schuld und wahrscheinlich sehr bald eine Magen-Darm-Infektion, die als »Bali Belly« bekannt ist, ärztlich behandelt werden muß und hier ebenso berüchtigt ist wie »Montezumas Rache« in Mexiko. Arzt- und Krankenhauskosten sind zwar spottbillig nach unseren Maßstäben, aber man weiß ja nie, was einen treffen kann, sollte sich also den Abschluß einer Reisekranken- und Reiserückholversicherung überlegen.

Kinder

Zuerst sollten Sie die Vorurteile bezüglich eines »schmutzigen Asiens« über Bord werfen und den üblichen Antisepsis-Wahn auf ein normales Maß zu reduzieren. Gelingt das, steht einer Familienreise nach Bali nicht mehr viel im Weg.

Kinder bis zu 2 Jahren ohne eigenen Sitzplatz fliegen in der Regel zu 10 % des offiziellen IATA-Tarifs, obwohl es auch Fluggesellschaften gibt, bei denen sich die 10 % auf den Billigpreis beziehen. Für ältere Kinder wird ein Discount von 50 % gewährt, teils auf den IATA-, teils auf den Billigtarif – Vergleiche helfen, Geld zu sparen. Für die Kleinsten stehen in allen Großraumflugzeugen Babybetten zur Verfügung, zumindest eine Toilette ist stets mit Wickeltisch ausgestattet, auch Pampers und Babynahrung sind erhältlich.

Unter dem Klimawechsel nach Ankunft haben die »Oldies« meist mehr zu leiden als die »Youngsters«, für die aber die Zeitverschiebung ein Problem darstellt. Es folgen ein paar halb durchwachte Nächte, aber die gehen vorüber. Wesentlich ist, bei der Routenplanung die Bedürfnisse der Kinder zu berücksichtigen! Lange Bewegungsunfreiheit vermeiden, Ruhe und Natur am Meer und in den Höhenorten bekommen am besten. Die Betten in den Unterkünften sind i. d. R. breit genug, auch eine drei- bis vierköpfige Familie aufzunehmen. Für Kinder geeignetes Essen bekommt man in den Restaurants problemlos.

Die medizinische Versorgung ist zwar mangelhaft, aber mit etwas Umsicht und einer entsprechend bestückten Reiseapotheke kann man das wettmachen, solange sich – was selten genug geschieht – keine ernsthaften Probleme einstellen. In allen größeren Ortschaften auf Bali stehen auch die üblichen Babypflegeartikel zur Verfügung; natürlich auch Babynahrung (meist von Nestlé) sowie Pampers. Gegen das Problem starker UV-Strahlung helfen ein Sonnenhut, ein Baumwollhemdchen und natürlich Schatten und Sonnenschutzmittel (Schutzfaktor 20).

Kleidung/Gepäck

Je weniger Sie von zu Hause mitnehmen, desto mehr können Sie von Bali mitbringen. Dieser Hinweis ist ernst zu nehmen, denn die meisten Touristen stehen am Ende ihrer Reise am Flughafen und versuchen verzweifelt, ungeheuer überschweres Handgepäck durch die Kontrollen zu schleusen. Die Temperaturen sind hoch, dünne Kleidung aus möglichst reiner Baumwolle ist Trumpf, und für schmutzige Wäsche gibt es in den meisten Unterkünften einen Waschservice.

Da man die meisten Tempelanlagen nur mit *sarong* (einheimischer Wickelrock) betreten darf (manchmal ist noch eine zusätzliche Schärpe notwendig), empfiehlt es sich, am Anfang der Reise einen solchen zu kaufen. Leiht man sich vor Ort einen Sarong, verpflichtet das jedesmal zu einer Spende. Die Anschaffung lohnt sich also, kann man ihn doch auch als Rock im Haus oder am Strand tragen, sich damit zudecken oder abtrocknen (Frottee-Handtücher werden bei dem Klima schlecht trocken und schnell muffig). Denken Sie unbedingt daran, neben lockerer Freizeitkleidung auch einen warmen Pullover (für die Höhenorte) sowie Regenzeug einzupacken und – falls Sie gerne fotografieren – eine ausreichende Menge an Filmen. Vor Ort nämlich sind sie nur in den Touristenzentren erhältlich und entpuppen sich oft als überlagert und/oder falsch gelagert. Empfehlenswert ist es auch, von zu Hause ein Moskitonetz mitzubringen, da die in den Unterkünften vorhandenen meist beschädigt sind. Für diesen Fall sollte man Klebeband im Reisegepäck haben.

Reisezeit

Das Wettergeschehen auf Bali kennt nur zwei Jahreszeiten, die sich weniger hinsichtlich der Temperatur (durchschnittlich 27 °C) als vielmehr in der Niederschlagsmenge unterscheiden. Zwischen Anfang Mai und September regnet es an weniger als 5 Tagen im Monat, weil dann ein trockener, von Australien herüberwehender Wind meist sonniges Wetter beschert. Als trockenste und auch kühlste Monate gelten Juli und August (Durchschnittstemperatur um 26° C).

Die Regenzeit beginnt etwa im Oktober, erreicht im Dezember und Januar ihren Kulminationspunkt und klingt gegen März/April langsam aus. Aber auch während dieser Zeit kann man durchaus mit Sonnentagen rechnen, die Niederschläge gehen in aller Regel erst nachmittags (ab 16 Uhr) nieder, und überhaupt finden wir, daß eine Reise nach Bali im Winterhalbjahr viele Vorteile mit sich bringen kann: Die Insel ist üppig grün, die Luft selten dunstig, nie sieht man farbenprächtigere Sonnenuntergänge, und auch die Wolkenbilder sind von unvergeßlicher Art. Die hohe Luftfeuchtigkeit von bis zu 95 % wird jedoch manchem schier unerträglich. Im Sommer erreicht die Feuchte oft nur um 70 %, aber dann präsentiert sich das Land mitunter ziemlich trocken. Während der Hochsaison, insbesondere Juni/August, herrscht in den Touristenzentren teils drangvolle Enge, in den Hotels wird mit Preisaufschlägen gearbeitet, und so manche Sehenswürdigkeit ist nur in einer Urlauberkolonne zu besichtigen. Noch voller aber ist es vielleicht während der Weihnachtszeit, wenn »halb« Australien herüberkommt.

Zusammenfassend scheinen die Monate Februar bis Mai und September bis November als optimal, und wer auch die Zusatzangebote wahrnehmen, also die Außeninseln besuchen will, sollte dem Frühjahr den Vorzug geben, denn im Herbst und Winter ist eine Reise nach Komodo z. B. immer auch eine Reise ins Ungewisse (weil gigantische Regenmassen niedergehen, Flüge gestrichen werden, Schiffe nicht auslaufen können), wohingegen dort im Sommer Temperaturen bis über 40° C die Regel sind. Sulawesi präsentiert sich zwischen November und März meist vollkommen verregnet, als beste Reisezeit gelten dort April und Mai sowie Oktober, obwohl auch der Sommer empfohlen werden kann.

Unterkunft

Von der romantischen Palmwedelhütte mit Hängematte bis hin zum Traumhaus in klassisch balinesischer Holzarchitektur, aber mit allen Finessen einer Suite im Hilton: Der Bali-Reisende kann aus einem extrem breit gefächerten Angebot an Unterkünften wählen. Wie bei so vielen Dingen auf dieser Insel bietet auch das gewählte Quartier in aller Regel einen ausgezeichneten Gegenwert für den bezahlten Preis, der zwischen 3 Mark und weit über 1 000 Mark pro Nacht liegen kann.

Die günstigsten Unterkünfte tragen den Namen *Losmen* oder *Homestay*, vom Zimmer blickt man meist in einen Garten, unter der Decke kreist der Ventilator, ein Moskitonetz hält Plagegeister fern, und auf der Terrasse wird morgens das Frühstück serviert – meist Fruchtsalat, Toast, Tee oder Kaffee –, das im Preis normalerweise inbegriffen ist. Die Vermieter pflegen eine familiäre Atmosphäre, es kommt auch vor, daß der Gast zu Festen und Feierlichkeiten eingeladen wird. Ein solches »Pauschalangebot« kostet dann vielleicht nur 5 Mark; im Durchschnitt entlang der beschriebenen Routen aber eher um 15 Mark. – Für 2 Personen, versteht sich!

Doch es gibt auch Häuser dieser Kategorie, die den Komfort eines Mittelklassehotels bieten, auch Air-conditioning, und der Preis beträgt dennoch nicht mehr als 20–30 Mark. – Diese liegen dann aber auf dem Land bzw. in den weniger mondänen Touristenzentren. In Kuta werden auch »Löcher« für viel Geld vermietet, das Preisniveau hat sich mehr oder weniger einem mitteleuropäischen Standard angepaßt. In noch viel stärkerem Maße gilt dies für Sanur, das »St. Tropez Balis« (wo alle Häuser hohem/höchstem internationalen Standard/Preisniveau entsprechen), bzw. erneut gesteigert, in Nusa Dua, wo sich der Jet-set ein Stelldichein gibt. Eines aber ist allen Unterkünften gemeinsam, den billigsten wie den allerteuersten: Kein Zimmerpreis ist fix, wer nicht handelt, verschenkt Geld, und insbesondere außerhalb der Hauptreisezeiten werden nicht selten 30 % Rabatt und mehr gewährt.

Abschließend noch folgende Hinweise: In den preisgünstigen Quartieren gibt es oft anstelle einer Dusche ein Wasserbecken mit Schöpfkelle *(kamar mandi)*. Damit das Wasser auch für den nächsten Gast frisch bleibt, sollte man weder Füße noch Wäsche im Becken waschen. Generell können 10–25 % Aufschlag für Steuern und Service erhoben werden.

Während der Saison ist es stets sinnvoll, ein Zimmer 1-2 Tage im voraus zu reservieren.

Die in diesem Buch verwendeten Preiskategorien werden durch $-Zeichen unterschieden und beziehen sich stets auf ein Doppelzimmer bzw. einen Bungalow, der für 2 Personen ausgelegt ist; Einzelreisenden wird üblicherweise ein günstigerer Tarif eingeräumt. Die drastischen Preisdifferenzen zwischen Unterkünften in den Touristenzentren des Südens (Kuta/Legian, Sanur, Nusa Dua) und den in sonstigen Orten der Insel haben eine Zweiteilung der Kategorisierung bedingt:

Kuta/Sanur/Nusa Dua:

$	– bis 40 DM
$$	– 40 bis 80 DM
$$$	– 80 bis 130 DM
$$$$	– 130 bis 200 DM
$$$$$	– über 200 DM

Alle anderen Orte:

$	– bis 20 DM
$$	– 20 bis 30 DM
$$$	– 30 bis 60 DM
$$$$	– 60 bis 80 DM
$$$$$	– über 100 DM

Zoll

Für die Ein- und Ausfuhr ausländischer Zahlungsmittel in jedweder Form bestehen keinerlei Beschränkungen, indonesische Rupiah sind auf 50 000 beschränkt. Zollfrei eingeführt werden dürfen neben den persönlichen Gebrauchsgegenständen 2 l alkoholische Getränke, 200 Zigaretten oder 100 g Tabak, 1 bis 2 Fotoapparate oder Filmkameras (Video) und eine angemessene Anzahl Filme sowie Geschenke im Wert von bis zu 100 US $.

Nicht eingeführt werden dürfen Drogen jeglicher Art, pornographische Literatur und Waffen (worunter auch Harpunen, größere Messer, Macheten etc. fallen). TVs, Radios und Recorder sowie Ferngläser, Reise-Schreibmaschinen und Rechner (etwa Laptops, Notebooks etc.) müssen bei der Einreise deklariert werden.

Reisedaten

Ankunft

Die Flugzeuge aus Europa landen meist in den späten Nachmittagsstunden oder am Abend, und zumindest während der Hochsaison (Juni/August und über Weihnachten) ist es daher sinnvoll, das Hotel für die erste Nacht vorab zu reservieren. Zu diesem Zwecke schon zu Hause einfach Indonesien anwählen, die Vorwahl für Bali (361) nachschalten, die gewünschte Nummer anfügen. – Die Verbindung (Satellit) ist von guter Qualität, mit Englisch läßt sich alles regeln.

Wer dies nicht getan hat, sollte nach Ankunft den Zimmerreservier-Service im Flughafengebäude kontaktieren (dort liegen auch Prospekte und Preislisten aus), bevor er am Wechselschalter (rechts am Ausgang) Bargeld oder Traveller cheques in Rupiah eintauscht (keine Barauszahlung auf Kreditkarten), um dann links gegenüber am Taxischalter einen Coupon für eine Fahrt zu gewünschtem Ziel zu erstehen.

Angekommen im Hotel, empfiehlt es sich, zu allererst einmal eine Mietwagenfirma anzurufen (s. S. 171) bzw. an der Rezeption seinen Wunsch nach einem Leihwagen kundzutun. Bevor noch der Schlummertrunk zur Neige geht, wird das gewünschte Fahrzeug vor der Tür stehen, der Schlüssel überreicht sein.

Autofahren

Mit Linksverkehr und rechtsgelenktem Fahrzeug klarzukommen ist zwar etwas gewöhnungsbedürftig, aber wesentlich einfacher, als man im allgemeinen annimmt. Schwieriger fällt es schon, sich als Europäer damit zu arrangieren, daß die Verkehrsregeln, die in etwa den unseren entsprechen, von kaum einem Balinesen eingehalten werden. So kann es also durchaus passieren, daß man in einer Einbahnstraße auf Gegenverkehr trifft, daß Fahrer die rote Ampel mißachten, daß nachts nicht jeder mit Licht, aber manch einer mit Fernlicht fährt, einem Blinken nach links durchaus auch das Abbiegen nach rechts folgen kann usw. Tiere bilden einen weiteren Unsicherheitsfaktor, mit auf der Straße spielenden Kindern ist stets zu rechnen – und all diesen Risiken kann nur gerecht werden, wer sehr umsichtig und vorsichtig, insbesondere langsam fährt und sich die balinesische Gewohnheit zueigen macht, beim Überholen von Fahrzeugen und auch Fußgängern stets und ohne Unterlaß die Hupe zu betätigen bzw. – nachts – die Lichthupe zusätzlich zu aktivieren.

Die (theoretische) Geschwindigkeitsbegrenzung in Ortschaften liegt bei 40 km/h, außerhalb bei 80 km/h. Sieht man Schilder mit Aufschrift *Awas* oder *Hati-Hati* (»Achtung!«) sowie *Pelan-Pelan* (»langsam fahren«) bzw. *Bahaya* (»Gefahr«) – dann sofort runter vom Gaspedal, denn Gefahrenherde, vor denen gewarnt wird, haben es mitunter wirklich in sich.

Tankstellen (*setasiun bensin*), die man als solche auf den ersten Blick erkennt, kann man auf Bali an den Fingern abzählen, und nur dort sind die Preise fix: Benzin (*premium*) kostet um 450, Diesel (*solar*) kommt auf 280 Rupiah. Ansonsten gibt es aber unzählige private Händler, die einem den Treibstoff aus an der Straße stehenden Fässern per Hand in den Tank pumpen und etwa 600/400 Rupiah je Liter verlangen.

Regelrechte Abschlepp- und Pannendienste gibt es nicht auf Bali. Bei einem technischen Problem mit dem Fahrzeug muß man den Vermieter anrufen. Dies gilt auch bei einem eventuellen Unfall, zu dem unbedingt auch die Polizei (Notruf 110) hinzuzuziehen ist.

Bettler

Betteln ist auf Bali traditionell verpönt, doch seitdem bekannt ist, daß kleine Kinder damit in einer Stunde mehr verdienen können als ein Reisbauer in einem mühsamen Tag, kommt es verstärkt vor, daß sich Balinesen über das Tabu hinwegsetzen. Auch wenn es mitunter schwer fallen mag: Man sollte »hart« bleiben, denn sonst leistet man genau derjenigen Entwicklung Vorschub, deren Anfänge man heute schon sieht und bedauert.

Diplomatische Vertretungen

Die Bundesrepublik Deutschland wird auf Bali durch einen **Honorarkonsul** vertreten (Jl. Pantai Karang 17, Sanur, ✆ 28 85 35, Fax 28 88 26), ebenso die Schweiz (c/o Swiss Restaurant, Jl. Legian, Kuta, ✆ 75 17 35).
Die **Botschaften** sind in Jakarta niedergelassen:

Deutsche Botschaft
Jl. Thamrin 1
✆ (021) 32 39 08
Mo–Fr 7.30–13.30, Di bis 16.30 Uhr

Schweizer Botschaft
Jl. Rasuna Said, Blok E 3/2
✆ (021) 51 60 61
Di, Do, Fr 8.30–14 Uhr

Österreichische Botschaft
Jl. Diponegoro 44
✆ (021) 34 58 11
Mo–Fr 8.30–14 Uhr

Botschaft der Niederlande
Jl. Rasuna Saidkav 5
✆ (021) 51 15 15
Mo–Fr 8–13 Uhr

Drogen

Vieles wird angeboten, wieder einmal insbesondere in Kuta, doch so manch ein scheinbarer Händler entpuppt sich als Polizist. Die indonesischen Antidrogengesetze sind außerordentlich drastisch, und so kann gar nicht dringlich genug davor gewarnt werden, die gesetzlichen Bestimmungen zu mißachten. Auch der Verzehr der einst in zahlreichen Restaurants offen angebotenen und noch immer häufig wohlfeilen *Magic Mushrooms* (halluzinogene Pilze) ist streng verboten!

Einkaufen

Wie Bali in vielerlei Hinsicht ein Paradies ist, so auch in Sachen Shopping, denn das Angebot an Kunsthandwerk ist hier unvergleichlich größer als in jedem anderen Land. Obendrein bekommt man auch all das günstig, was irgendwo sonst in Indonesien produziert wird. Auch Waren mit dem Markenzeichen *made in Thailand* (was insbesondere für Imitationen jeder Art steht) sind mehr und mehr im Angebot, ebenso Antiquitäten (für die aber eine Exportgenehmigung erforderlich ist) und Stücke, die man dafür halten soll. Einen kleinen Einführungskurs in die »hohe Kunst des Handelns« finden Sie S. 32 ff.

Elektrizität

220 Volt sind üblich, aber auch 110 Volt Wechselstrom sind (auf dem Land) noch zu finden, und fast immer benötigt man einen Adapter für indonesische Steckdosen, den man am besten schon von zu Hause mitbringt.

Feste

Auf Bali gibt es so viele religiöse Feste, daß deren Aufzählung einen mehrseitigen Prospekt füllt, den man beim Indonesischen Fremdenverkehrsamt (s. »Auskunft«) und vom Informationsbüro in Kuta (s. S. 116) kostenlos bekommt: *Calendar of Events Bali.*

Öffentliche Verkehrsmittel

Die Insel ist klein, *Bemos* (Minibusse) halten die Verbindungen aufrecht. Verkehrsknotenpunkt ist Denpasar mit seinen sechs z. T. weit auseinanderliegenden Stationen, zwischen denen Bemos (für 500 Rupiah) hin und her pendeln.

Die **Batubulan**-Station ist für den Osten und Norden zuständig, also u. a. für Ubud, Klungkung, Bangli, Candi Dasa, Padang Bai, Amlapura, Kintamai/Penelokan und Singaraja. Von der **Ubung**-Station (Norden und Westen) geht es u. a. nach Gilimanuk, Tabanan, Mengwi, Bedugul sowie ebenfalls nach Singaraja. **Tegal** ist für den Süden (Kuta, Flughafen, Nusa Dua) zuständig, von der **Kereneng**-Station aus wird nur Sanur angefahren.

Öffnungszeiten

Büros: Mo–Fr 8–16 bzw. 9–17 Uhr
Regierungsstellen: Mo–Do 8–15, Fr bis 11.30, Sa (nicht überall, nicht jedes Office) bis 14 Uhr, So geschl.
Banken: Mo–Fr 8–12, Sa bis 11 Uhr; viele Banken, insbesondere in den Touristenzentren, haben aber auch nachmittags geöffnet
Post: Mo–Do 8.30–14, Fr bis 11, Sa bis 13 Uhr, So geschl.
Telefonamt: tägl. 8–20, in den Touristenzentren auch bis 22 Uhr
Geschäfte: auf dem Land meist tägl. und durchgehend 8–20/21 Uhr, in den Touristenzentren tägl. 10-21/22 Uhr, in den Städten meist Mo–Sa 8/9–20 Uhr

Post

Airmail-Briefpost von und nach den Touristenzentren Balis ist ziemlich zuverlässig und zügig, die normale Beförderungszeit von dort nach Europa (und umgekehrt) beträgt etwa 7 Tage. Eine Testpostkarte, von uns in einem Dorf im Inselinnern dem Postamt (*kantor pos*) überlassen, war hingegen mehr als 2 Wochen unterwegs, eine auf Lombok abgeschickte benötigte 3 Wochen, eine andere von Sulawesi ist noch immer nicht angekommen.

Pakete werden nur bis zu einem Gewicht von 10 kg befördert, müssen mit Packpapier umhüllt und fest verschnürt sein. Per Luftpost versendet, benötigen sie ca. 2–3 Wochen, auf dem Seeweg sind sie mindestens 3 Monate unterwegs.

Seamail heißt auf indonesisch *Laut*, Airmail *Udara*, ein Einschreibebrief *Kilat Khusus*, Expreß ist durch *Ekspres* kenntlich zu machen, Deutschland als Adreßland durch *Jerman*, *Swis* steht für die Schweiz, *Austria* für Österreich und *Belanda* für Holland.

Reisedaten

Presse/Radio

Aktuelle deutsch- und englischsprachige Zeitungen und Magazine (mitunter zensiert) werden in den Touristenzentren Kuta/Legian, Sanur, Nusa Dua und Ubud überall angeboten, und nur dort wie auch in Denpasar, Candi Dasa und am Lovina Beach ist die englischsprachige *Jakarta Post* erhältlich.

Nachrichten in deutscher Sprache sendet die Deutsche Welle. Wer wissen will, wann auf welcher (Kurzwellen-)Frequenz was ausgestrahlt wird, sollte die Sendeanstalt kontaktieren: Deutsche Welle, Postfach 10 04 44, D-50588 Köln, ✆ (02 21) 38 90.

Restaurants/Küche

Ob Sie nun auf dem Zabuton-Kissen in einem japanischen Teehaus sitzen wollen, wo die Hosteß am niedrigen Tisch dünnscheibige Steakstreifen wie *Sukiyaki* bereitet, oder uralte Eier im Schlamm oder Schwalbennestsuppen unter den gewölbten Zinnen eines chinesischen Restaurants einnehmen möchten, ob es indische Curries oder australische T-bone-Steaks sind, bayerische Leberknödel oder was wissen wir nicht alles: Kuta und Sanur machen's möglich. Dort, aber auch in allen anderen Touristenzentren der Insel gibt es unzählige Restaurants. Doch vor allem anderen interessiert uns die indonesische bzw. balinesische Küche, zumal der Weg zum Verstehen eines Landes ja auch durch den Magen gehen soll. Und in Indonesien kann man, nach der Aussage von Experten, allein über 1 600 archipelspezifische Gerichte versuchen.

Nicht alle sind auch auf Bali erhältlich, aber für eine kulinarische Entdeckungsreise, auf der Sie jeden Tag neue Gaumenfreuden kennenlernen können, reicht es. Lassen Sie sich auf das »Wagnis« ein, den Konservativismus der meisten Inselbesucher zu überschreiten. Beginnen Sie also den Tag auch einmal mit *pisang goreng*, gebratenen Bananen, die nirgends köstlicher schmecken als an einem Eßstand. Kosten Sie alles, was mit *nasi*, also Reis, zu tun: etwa *nasi goreng* (gebratener Reis mit Fleischstückchen und etwas Gemüse, köstlich gewürzt), *nasi rames* und *nasi campur* (Miniatur-Reistafeln, auf einem Teller vereint), nicht zu vergessen *nasi padang* (s. S. 74). Delikat sind auch *sate* (kleine Fleischspieße in Erdnußsauce), *gado gado* (gedünstete Bohnensprossen mit Gemüse unter sämiger Erdnußsauce), *martabak* (Pfannekuchen mit geschnetzeltem Allerlei), *cap cai* (Reis-Fleisch-Gemüsepfanne) und die dicke Hühner-Reis-Suppe *bubur ayam*.

Auch Nudelgerichte bieten sich an und haben als solche stets *mee* oder *bakmi* im Namen, während alles, was mit *bebek* beginnt, auf Ente hindeutet: beispielsweise *bebek betutu* (geröstete Ente) oder *bebek panggang* (im Bananenblatt gegarte Ente). *Babi* steht für Schweinefleisch-Gerichte, und *babi guling*, das geröstete Spanferkel, wird als Balis Spezialität gerühmt.

Vegetarier bevorzugen sicher Speisen aus *tahu* (bei uns: Tofu), falls nicht *tempe* (Sojabohnenblock). Zu jedem Essen nascht man *krupuk* (federleichte Fladen mit Fischgeschmack), würzt nach mit *sambal* (scharf-pikante Gewürzpaste) und *kecap*. Das ist kein Ketchup, sondern Sojasauce; die süße Variante heißt *kecap manis*.

Dazu trinkt man traditionell ein Gläschen *teh panas* oder *teh es* (heißer oder kalter Tee), einen bitteren und bodensatzreichen *kopi* (Kaffee), *es kelapa muda* (eiskalte Kokosmilch) oder – Weltmeister im Durstlöschen – *air jeruk* (Limonen-/Orangensaft). Auch *bir* (Bier) ist überall erhältlich; *Bir Bintang* und *Anker* sind die bekanntesten Marken. Eher etwas für abends scheint *brem*, der balinesische Reiswein – *muda*, wenn er süßlich und wenig stark ist, *tuah*, wenn er schnell berauschend wirkt. Auch den Palmwein *tuak* muß man einmal gekostet haben; *arak* hingegen nicht unbedingt, denn dieses Destillat kann vom Geschmack her an flüssiges Schuhputzmittel erinnern.

Da die Preise in den *warungs* (Eßstände), *restoran* oder *rumah makan* (Restaurants) sehr niedrig (kaum ein Gericht kostet mehr als 1–2 Mark, vieles ist für Pfennige zu bekommen), aber auch in den Restaurants der Touristenorte relativ günstig sind (im Durchschnitt um 2–4 Mark), wird auf die Angabe von Preiskategorien verzichtet. Aus dem Rahmen heraus fallen nur die Restaurants in Kuta und Sanur, wo man für ein Essen unverhältnismäßig tief in die Tasche greifen muß: Unter 8 Mark ist in besseren

Lokalen kaum etwas Gutes zu bekommen. In den internationalen Top-Hotels wird man auch schnell mal 20 oder 40 Mark los.

Sicherheit

Im Vergleich mit anderen Urlaubsgebieten – seien dies solche in Asien, Amerika oder Europa – steht Bali in puncto Sicherheit sehr gut da, das heißt: Kriminelle Delikte kommen vor, aber alles in allem sind Verbrechen, begangen an Touristen (noch) kein Thema. Die Ausnahme bildet Kuta, wo die sichtbare Kluft zwischen reichen, vergnügungssüchtigen Ausländern und armen, arbeitenden Einheimischen der Kriminalität extrem Vorschub leisten. Waren hier noch vor wenigen Jahren Verbrechen völlig unbekannt, so ist heute Einbruch längst an der Tagesordnung, auch Gewaltverbrechen häufen sich in beängstigendem Maße, und kaum eine Hotelanlage kann es sich mittlerweile noch erlauben, auf bewaffnetes Wachpersonal zu verzichten.

Ein Restrisiko bleibt, insbesondere bei nächtlichen Spaziergängen und in öffentlichen Verkehrsmitteln (Taschendiebstahl). Die nachfolgenden Tips sollen helfen, dem Dieb so wenig Chancen wie möglich zu lassen:

Wenig Bargeld mit sich herumtragen und wenn, dann auf verschiedene Taschen verteilt; Kameras, Uhren oder Schmuck nicht provokativ zur Schau stellen; Wertgegenstände im Hotelsafe deponieren; Fenster, Balkontüren schließen, wenn man die Unterkunft verläßt; Schultertaschen quer tragen (Riemen schräg über die Brust) und auf der straßenabgewandten Seite tragen, damit Entreißdiebe weniger Chancen haben (sie kommen oft per Motorrad). Schließlich sollte man nächtliche Spaziergänge vermeiden. Wenn dennoch etwas passiert, raten Polizei und Reisefachleute, keinen Widerstand zu leisten, besonders wenn die Gauner bewaffnet sind.

Telefon/Telefax/Telex

Geduld und 100-Rupiah-Münzen sind es, die man reichlich benötigt, versucht man **insulare und nationale Gespräche** von öffentlichen Telefonen (*Telepon Umum*) aus zu führen. Auch das Prozedere will gekonnt sein, denn man wählt mit abgenommenem Hörer die gewünschte Nummer, wirft aber erst, doch dann ganz schnell, das Geld ein, wenn sich der Teilnehmer meldet, und führt bei jedem Signalton sofort weitere Münzen nach, weil sonst unterbrochen wird. Fazit: möglichst nur vom Hotel aus telefonieren bzw. telefonieren lassen. Und auch nicht verzweifeln, wenn sich die in diesem Buch angegebenen Nummern mal als falsch erweisen sollten: Sie ändern sich schnell auf Bali, ein Telefonbuch schafft manchmal, die Auskunft (✆ 100) hingegen stets Rat.

Die **Vorwahlnummer** von Bali lautet **0361**; nur der Norden der Insel (Singaraja mit Lovina Beach sowie Penelokan) ist über ✆ **0362** und einige Bereiche im Osten über 0363 zu erreichen. Wenn Sie also ein Gespräch z. B. von Kuta nach Candi Dasa oder Ubud führen, brauchen Sie keine Vorwahl, wogegen von Kuta nach Lovina 0362 und von Lovina nach Kuta 0631 vorzuwählen ist.

Internationale Gespräche funktionieren – weil über Satellit – im Gegensatz zu den nationalen außerordentlich gut. Von den Zimmertelefonen der meisten Hotels aus kann man direkt durchwählen **(✆ 0049 für Deutschland, ✆ 0041 für die Schweiz, ✆ 0043 für Österreich)**. In den Touristenzentren werden mehr und mehr ultramoderne Kartentelefone errichtet, wie mittlerweile auch in jeder größeren Ortschaft Telekommunikationszentren (*Kantor Telepon, WARTEL* oder *PERUMTEL*) zu finden sind, von wo aus auch getelext und gefaxt werden kann. Ein dreiminütiges Gespräch (Mindestdauer) nach Mitteleuropa kostet um 25 Mark, R-Gespräche nach Österreich sind nicht möglich, wohl aber nach Deutschland unter 001-801-49 und in die Schweiz. Außerdem stehen vielerorts »Home-Country-direkt«-Telefone, von denen aber wegen der katastrophalen Verbindungen abzuraten ist.

Trinkgelder

Für viele Erwerbstätige auf Bali sind sie die eigentliche Verdienstquelle, denn der reguläre Lohn ist oft so niedrig, daß er einen nicht am Leben erhalten kann. Trinkgeld ist kein Muß, aber es öffnet viele Türen, macht Unmögliches möglich.

Reisedaten

Urlaubsaktivitäten

Surfen: Bali gilt nach Hawaii und der ostaustralischen Küste als eine der besten Surfregionen der Welt. Das »Mekka« der Brettpilger sind unbestritten Kuta und Legian sowie Suluban Beach bei Ulu Watu und Jimbaran Beach – beide auf der Halbinsel Bukit Badung gelegen. Surfsaison ist das ganze Jahr über, und in Kuta und Legian vermieten zahlreiche Surfshops die erforderliche Ausrüstung; am Strand kann man Brett etc. bei den Wachtürmen der Seerettung ausleihen. Pro Tag werden um 10 Mark pro Board verlangt, bei Wochenmiete ist es bis 50 % billiger. Auch organisierte Surftouren werden angeboten (Infos über Surfshops).

Schnorcheln: Die schönsten Schnorchelgründe finden sich bei Padang Bai (Ostküste, Route 1), vor Lovina-Beach (Route 9) sowie – aber nicht so spektakulär – vor Sanur und Nusa Dua (Route 10). Außerdem natürlich da, wo auch Tauchen optimal ist. Equipment kann man vor Ort überall ausleihen.

Tauchen: Der Tauchsport hat auf Bali innerhalb der letzten Jahre einen enormen Aufschwung erlebt. Es gibt kaum einen Strand ohne Tauchschule, keine bessere Bungalowanlage, in der nicht entsprechende Broschüren ausliegen. Die Reviere stehen in ihrer marinen Vielfalt den berühmten Tauchgründen z. B. von Malaysia und Thailand um nichts nach. Kurse kann man natürlich auch belegen (Abschluß mit international anerkanntem Zertifikat), und täglich werden Exkursionen zu den sehenswertesten Riffs unternommen. Ein Tauchkurs mit Zertifikat kostet rund 280 US $, die Tauchexkursionen (inkl. Anfahrt, Verpflegung, Boot, 2 Tauchgänge) etwa 65–120 US $.

Nicht alle Tauchbasen können uneingeschränkt empfohlen werden. Oft entpuppt sich das Equipment als lebensgefährlich vernachlässigt und der *Dive Master* als Anfänger mit recht dubiosem Ausbildungs-Zertifikat. Wer diese Risiken ausschalten will, sollte sich an die Tauchbasen der Top-Hotels oder das Tauchzentrum Alam Anda (vgl. S. 54) wenden.

Organisierte **Adventure Tours** gibt es nun auch auf Bali, und angeboten wird u. a. *Jungle Mountain Trekking* (40 US $), *Mountain Cycling* (mit MTB; 50 US $) sowie insbesondere *White Water Rubber-Rafting* à la Colorado River (zwischen 50 und 110 US $). Es gibt zahlreiche Anbieter, Broschüren liegen in allen besseren Herbergen aus, Infos auch über die Reisebüros. Der größte Anbieter ist Sobek Expedition (Jl. Bali Hyatt, Sanur, ✆ 28 84 98/99 und 28 74 47).

Zeitzonen

Indonesien hat drei Zeitzonen. Sumatra, Java, West- und Zentral-Kalimantan bilden die Zone mit der *Western Standard Time* (MEZ + 6 Std.). Ost-Kalimantan, Sulawesi, Nusa Tenggara und Bali haben *Central Standard Time* (MEZ + 7 Std.), und auf den Molukken sowie Irian Jaya schließlich gehen die Uhren nach der *Eastern Standard Time* (MEZ + 8 Std.).

Sprachhilfen

»Bicara bahasa bali?« – Sprechen Sie/sprichst Du Balinesisch? – diese Frage hört man nie auf Bali, denn das Balinesisch ist außerordentlich kompliziert, bedient sich nicht lateinischer Buchstaben und scheidet sich in mehrere, vollkommen unterschiedliche Sprachebenen. D. h., ein Bauer spricht anders zu einer Autorität als zu Seinesgleichen, ein Schüler anders mit dem Lehrer als mit seinen Eltern, ein Normalsterblicher kennt nicht einmal das Vokabular, das für eine Konversation mit einem Hochgeborenen (z. B. Brahmane-Priester) erforderlich wäre.

So bleibt Englisch, und wer es beherrscht, wird auf Bali wohl kaum Schwierigkeiten mit der Verständigung haben: Jeder, der irgendwie mit Tourismus zu tun hat, spricht die *Lingua franca* Asiens, die ja auch in den Schulen unterrichtet wird.

Dennoch hört man – insbesondere auf dem Land – immer wieder *»Bicara bahasa indonesia?«* – Sprechen Sie Indonesisch – die Einheitssprache, ein modernisiertes Malaiisch, des über 400 Sprachen kennenden Staates. – *»Tidak«* (nein), wenn nicht *»no«*, lautet meist die Antwort. Was bleibt, ist ein freundliches Gegenüber, ein lächelndes Gesicht, das sich mangels Konversationsmöglichkeiten aber meist schnell abwenden wird. Ein *»sedikit«* (ein wenig) als Antwort ist schon eine echte Chance, Neues zu entdecken; mit einem schlichten *»ya«* (ja) öffnen sich Welten, die dem durchschnittlichen Reisenden stets verborgen bleiben.

Das »Nein« ist ein Negativum und eine Last, die auf Dauer wesentlich schwerer zu tragen ist als die »Bürde«, sich vor und während der Reise ein wenig mit dem Indonesischen zu beschäftigen. Denn ein bißchen reicht schon, um vor Ort täglich mehr zu lernen, um für den einfachen Mann auf der Straße, den nicht Englisch sprechenden Balinesen, als Mensch faßbar zu werden, mehr zu sein, als nur ein gesichtsloser Devisenbringer aus dem seligen Westen.

Noch einen anderen Grund gibt es, die Sprache zu erlernen: Sie gehört zu den am meisten verbreiteten Sprachen auf der Welt und gilt obendrein als eine ihrer leichtesten! Grammatische Regeln gibt's in der Umgangssprache nur wenige, und die sind simpel obendrein. Keine Deklinationen, keine Konjugationen, keine Tempora, keine Präpositionen, keine …! Lediglich die Vokabeln muß man lernen, und diese werden (von wenigen Ausnahmen abgesehen) wie im Hochdeutschen ausgesprochen. Die Schriftzeichen schließlich sind die lateinischen, auch Lesen ist also kein Problem.

Betonung und Aussprache

Bei der Betonung ist lediglich zu berücksichtigen, daß normalerweise die vorletzte Silbe betont wird. Ausnahme: Hat die letzte Silbe ein *e*, so wird diese auch betont. Die Aussprache der Vokale und Konsonanten entspricht dem Deutschen mit folgenden Besonderheiten:

– *c* wie »tsch« in »klatschen«
– *e* wie »e«, wird aber, zwischen 2 Konsonanten stehend, häufig verschluckt (so wird aus dem geschriebenen Wort *sekerang* das gesprochene *»skarang«*
– *j* wie »dsch« in »Dschungel«
– *ngg* wie »ng«
– *ny* wie »nj«
– *p* häufig wie »f«
– *r* stets rollend
– *s* wie »ß«, immer scharf
– *y* wie »j«

Begriffe und Wendungen

Zahlen

0 – *kosong*
1 – *satu*
2 – *dua*
3 – *tiga*
4 – *empat*
5 – *lima*
6 – *enam*
7 – *tujuh*
8 – *delapan*
9 – *sembilan*
10 – *sepuluh*
11 – *sebelas*
12 – *duabelas*
13 – *tigabelas*
14 – *empatbelas*
15 – *limabelas*
16 – *enambelas*
17 – *tujuhbelas*
18 – *delapanbelas*
19 – *sembilanbelas*
20 – *dua puluh*
21 – *dua puluh satu*
22 – *dua puluh dua*
30 – *tiga puluh*
31 – *tiga puluh satu*
40 – *empat puluh*
50 – *lima puluh*
60 – *enam puluh*
100 – *seratus*
110 – *seratus sepuluh*
124 – *seratus dua puluh empat*
200 – *dua ratus*
300 – *tiga ratus*
1 000 – *seribu*
1 457 – *seribu empat ratus lima puluh tujuh*
2 000 – *dua ribu*
10 000 – *sepuluh ribu*

Sprachhilfen

100 000 – *seratus ribu*
1 Million – *sejuta*

Zeitbegriffe

Wochentage

Montag – *hari senen*
Dienstag – *hari selasa*
Mittwoch – *hari rabu*
Donnerstag – *hari kamis*
Freitag – *hari jumat*
Samstag – *hari sabtu*
Sonntag – *hari minggu*

Monate

Januar – *bulan januari*
Februar – *bulan pebruari*
März – *bulan maret*
April – *bulan april*
Mai – *bulan mei*
Juni – *bulan juni*
Juli – *bulan juli*
August – *bulan augustus*
September – *bulan september*
Oktober – *bulan oktober*
November – *bulan nopember*
Dezember – *bulan desember*

Allgemeine Angaben

heute – *hari ini*
morgen – *hari besok*
übermorgen – *hari lusa*
gestern – *kemarin*
jetzt – *sekerang*
gleich – *sebentar*
später – *nanti*
früher – *tadi*
Datum – *tanggal*
Minute – *menit*
Stunde – *jam*
Tag – *hari*
Woche – *minggu*
Monat – *bulan*
Jahr – *tahun*
Vormittag – *pagi*
Mittag – *siang*
Nachmittag – *sore*
Abend/Nacht – *malam*
Wie spät ist es? – *Jam berapa?*
Es ist 7 (19) Uhr. – *Jam tujuh pagi (malam).*

Pronomen

ich – *saya*
du – *anda* (bzw. höflich: *saudara*)
er, sie, es – *dia*
wir – *kita* (inkl. dem Angesprochenen), *kami* (ohne den Angesprochenen)
ihr – *anda* bzw. *saudara*
sie – *mereka*
mein – *saya* (etwa mein Reis: *saya nasi*)
dein – *anda* bzw. *saudara*
sein, ihr – *dia*
unser – *kami* bzw. *kita*
euer – *anda* bzw. *saudara*
ihr – *mereka*

Allgemeines

Guten Morgen – *selamat pagi*
Guten Mittag – *selamat siang*
Guten Nachmittag – *selamat sore*
Guten Abend – *selamat malam*
Gute Nacht – *selamat tidur* (schlaf gut)
Auf Wiedersehen – *selamat jalan* (gute Reise: sagt, wer bleibt) oder *selamat tinggal* (gutes Hierbleiben: sagt, wer geht)
Willkommen – *selamat datang*
Wie geht's? – *Apa khabar?*
danke gut – *khabar baik*
Darf ich fotografieren? – *Apakah saya boleh memotret?*
bitte – *silakan*
danke – *terima kasih*
nichts zu danken – *sama sama*
Entschuldigung – *maaf*
macht nichts – *tidak apa apa*
ja/nein – *ya/tidak*
Sprechen Sie/Sprichst Du Englisch/Indonesisch? – *Bicara bahasa inggeris / indonesia?*
Ich spreche kein Englisch/Indonesisch – *Saya tidak bicara bahasa inggeris/indonesia*
Wie heißt Du/heißen Sie? – *Siapa nama?*
Ich heiße ... – *Nama saya ...*

Woher kommst Du/kommen Sie? – *Dari mana?*
aus Deutschland – *saya datang dari Jerman*
Wohin willst Du? – *Mau ke mana?*
Ich will nach ... – *Saya mau ke ...*
Bitte helfen Sie mir! – *Harap tolong saya!*

Bank/Post/Behörden/Polizei

Bank – *bank*
Geld – *uang*
wechseln – *tukar*
Kurs – *harga*
Postamt – *pejabat pos* oder *kantor pos*
Brief – *surat*
Postkarte – *pos kad*
Paket – *paket*
Briefmarke – *stem*
Telefon – *telepon*
Telegramm – *tilgram*
Expreß – *ekspres*
Name – *nama*
Adresse – *alamat*
Geburtsort – *tempat lahir*
Geburtsdatum – *tanggal*
Alter – *umur*
Nationalität – *kebangsaan*
Religion – *agama*
Ausweis – *paspot* oder *paspor*
verheiratet/ledig – *kahwin/bujang*
Polizei – *polisi*
Ich wurde bestohlen. – *Saya kecurian.*
Dieb – *pencuri*
Diebstahl – *pencurian*
einbrechen – *ambruk*
Versicherung – *assuransi*

Unterkunft

Hotel – *hotel*
Zimmer – *bilek* oder *kamar*
Haben Sie freie Zimmer? – *Ada kamar kosong?*
Ich möchte das Zimmer sehen. – *Saya mau lihat kamar.*
Was kostet das Zimmer? – *Berapa harga untuk kamar ini?*
Ich nehme das Zimmer. – *Saya mau kamar ini.*
Hier sind Mücken, bitte sprühen Sie mein Zimmer. – *Disini nyamuk ada, tolong menyempro kamar saya.*
Kann ich ein Moskitonetz haben? – *Ada kelam bu?*
Bett – *tempat tidur*
Kissen – *bantal*
Decke – *selimut*
Laken – *seperai*
Ventilator – *kipas angin*
Air-conditioning – *berhawa dingin*
Badezimmer – *kamar mandi*
Wo ist die Toilette? – *Dimana ada kamar kecil?*
saubermachen – *bikin bersih*
Schlüssel – *kunci*

Einkaufen

Markt – *pasar*
Geschäft – *toko*
Buchladen – *toko buku*
Drogerie – *toko obat*
kaufen – *beli*
verkaufen – *jual*
Ich möchte ... – *Saya mau ...*
Wie teuer ist das? – *Berapa harga ini?*
Das ist zu teuer – *Terlalu mahal*
Der normale Preis ist ... – *Harga biasa ...*
billig – *murah*
Qualität – *kwalitet*
gut – *baik*
schlecht – *kurank baik*

Öffentliche Verkehrsmittel

Bus – *bis*
Nachtbus – *bis malam*
Busbahnhof – *setasiun bis*
Flugzeug – *kapal terbang*
Flughafen – *lapangan terbang*
Schiff – *kapal laut*
Taxi – *teksi*
Abfahrt – *keberangkatan*
Ankunft – *kedatangan*
Gepäck – *barang barang*
Gibt es einen Bus nach ...? – *Ada bis ke ...?*

Sprachhilfen

Ist das der Bus nach …?– *Bis ini ke …?*
Wo finde ich den Bus nach …? – *Dimana ada biske …?*
Ticket – *tiket*
Wo kann ich ein Ticket kaufen? – *Dimana saya bisa beli tiket?*
Wie teuer ist das? – *Berapa harga ini?*

Unterwegs

Norden – *utara*
Süden – *selatan*
Osten – *timur*
Westen – *barat*
geradeaus – *langsung*
rechts – *kanan*
links – *kiri*
Dorf – *kampung*
Stadt – *kota, bandar* oder *pekan*
Straße – *jalan*
Markt – *pasar*
Nachtmarkt – *pasar malam*
Brücke – *jambatan*
Tempel – *candi*
Meer – *laut*
See – *danau*, balinesisch: *danu*
Strand – *pantai*
Insel – *pulau*
Berg – *gunung*
Hügel – *bukit*
Fluß – *sungai*
Wasserfall – *air terjun*
Wald – *hutan*
Höhle – *goa*
Wie weit ist es bis …? – *Berapa lama ke …?*
Ist dies der Weg nach …? – *Jalan ini ke …?*
Wo liegt/finde ich …? – *Dimana ada …?*
Ich will von hier nach …– *Saya mau dari sini ke …*

Kleines Küchenvokabular

Allgemeines

Restaurant – *rumah makan, restoran, warung* (Essensstand)
Speisekarte – *daftar*
Essen – *makanan*
essen – *makan*
Trinken/Getränk – *minuman*
trinken – *minum*
Ich möchte essen/trinken – *Saya mau makan/minum*
Frühstück – *makan pagi*
Nachtmarkt – *pasar malam*
Essensstand – *warung*
Restaurant – *restoran*
Kellner – *pelayan*
Haben Sie …? – *Ada …?*
Ich möchte zahlen. – *Saya mau membayar.*
Rechnung – *bil*
Chilisauce – *sambal*
Salz – *garam*
Zucker – *gula*
Pfeffer – *lada hitam*
Teller – *piring*
Löffel – *sudu* oder *sendok*
Gabel – *garpu*
Messer – *pisau*
Tasse – *cawan*
Glas – *gelas*
heiß – *panas*
kalt – *dingin*
scharf – *pedas*
süß – *manis*
sauer – *asam*
salzig – *asin*
gebraten – *goreng*
gekocht – *rebus*

Speisen und die gängigsten Gerichte

Nudeln – *mee*
gekochte Nudeln – *mee rebus*
Nudelsuppe – *mee sop*
Reis – *nasi putih*
gebratener Reis – *nasi goreng*
Kartoffeln – *kentang*
Gemüse – *sayur*
Brot (Fladenbrot) – *roti*
Pfannekuchen – *murtabak*
Fleisch – *daging*
Rindfleisch – *daging sapi*
Schweinefleisch – *daging babi*
Hühnerfleisch – *daging ayam*
Ziegenfleisch – *daging kambing*
Entenfleisch – *daging bebek*
Fisch – *ikan*

Krabben – *udang*
Hummer – *udang karang*
Austern – *tiram*
Muscheln – *apitan*
ayam golek – gegrilltes Hühnchen mit Kokosnußsauce
chap chai – gebratenes Gemüse mit Fleischeinlage
fu yung hai – Fleisch-/Gemüseomelett
gado gado – mit kalter Erdnußsauce angemachter Salat
mee – Nudeln
mee goreng – gebratene Nudeln
mee sop – Nudelsuppe
martabak – Pfannekuchen mit Gemüse-, Ei-, Fleischfüllung
nasi – Reis
nasi putih – gekochter Reis
nasi goreng – gebratener Reis
nasi campur – kleine »Reistafel«
nasi sayur – Reis mit Gemüse
nasi kerab – Reis mit Gemüse und Gewürzmischung
roti – Brot
sate – marinierte und gegrillte Fleischstückchen am Spieß
soto ayam – Hühnersuppe
telur rebus – gekochtes Ei
telur goreng – gebratenes Ei
telur mata sapi – Spiegelei

Früchte (s. auch S. 103)

Frucht – *buah*
Fruchtsalat – *buah buahan*
Ananas – *nanas*
Apfel – *apel*
Apfelsine – *jeruk manis*
Banane – *pisang*
Durian – *durian*
Erdbeere – *arbai*
Jackfrucht – *nangka*
Kokosnuß – *kelapa*
Limone – *jeruk asam*
Mango – *mangga*
Mangosteen – *manggis*
Papaya – *pepaya*

Getränke

Wasser – *air*
Trinkwasser – *air minum*
Orangensaft – *air jeruk*
Kokosnußmilch – *air kelapa*
Kakao – *coklat*
Kaffee – *kopi*
Tee – *teh*
mit/ohne Zucker – *manis/tanpa manis*
mit/ohne Milch – *susu/tanpa susu*
Zuckerrohrsaft – *tebu*
Bier – *bir*
Reisschnaps – *arak*
Palmwein – *tuak*
Reiswein – *brem*

Orts- und Sachregister

(Die kursiv gesetzten Begriffe bzw. Seitenzahlen beziehen sich auf den Serviceteil.)

Namenregister

VISTA POINT Reise- und Stadtführer

Bruni Gebauer/Stefan Huy
Neuseeland
Überarbeitete Neuauflage '95

272 Seiten mit 138 Farbabb. und 32 Karten. ISBN 3-88973-157-9. Die 26tägige Reise durch das »schönste Ende der Welt« führt von Auckland in den Norden der Nordinsel, zu den Thermalquellen um Rotorua, in die Hauptstadt Wellington und anschließend auf die Südinsel. Nach den Fjorden und Gletschern der Westküste geht es über Queenstown zum Milford Sound, an die Ostküste nach Dunedin und Christchurch.

Klaus Viedebantt
Neu '95
Australien – der Osten
Queensland, New South Wales, Victoria, Tasmanien

Etwa 280 Seiten mit ca. 130 Farbabb. und 20 Karten. ISBN 3-88973-163-5.
An der Ostküste Australiens entlang geht die Reise von Sydney über Canberra und Melbourne auf die naturschöne Insel Tasmanien und anschließend in den Norden mit den Weingärten des Hunter Valley, dem Ferienrummel an der Küste, tropischen Städten wie Cairns und Townsville und natürlich zum Great Barrier Reef.

Dieter Kreutzkamp
Australien
Überarbeitete Neuauflage '95

296 Seiten mit 156 Farbabb. und 33 Karten. ISBN 3-88 973-176-7.
Eine 30tägige Reiseroute nach dem Fly-Drive-Prinzip zu den Höhepunkten Australiens. Sie beginnt in Sydney und führt über Melbourne und Adelaide ins Outback mit hitzeflirrenden Salzseen, Ayers Rock, King's Canyon und Alice Springs. Per Geländewagen geht es ins Red Centre, weiter nach Darwin und von dort in den Sunshine State Queensland. Drei Tage auf Tasmanien runden das Programm ab. Mit 14 Zusatztagen für Westaustralien.

Klaus Viedebantt
Hongkong –
Stadtführer

136 Seiten mit 73 Farbabb. und 3 Karten. ISBN 3-88973-113-9.
Ein praktisches Kulturprogramm für die aufregende Metropole und Noch-Kronkolonie des Empire, mit Programmen für drei Tage, Vorschlägen für Ausflüge, einer Stadtchronik, thematischen Kapiteln und umfangreichem Serviceteil.

Bruni Gebauer/Stefan Huy
Singapur – Stadtführer

136 Seiten mit 64 Farbabb. und 2 Karten. ISBN 3-88973-114-7.
Drei Tage verbringen Urlauber auf dem Weg nach Australien, Neuseeland oder in asiatische Länder meist in Singapur. Während des Stopovers leitet der handliche Stadtführer den Touristen zuverlässig durch das Straßengewirr der Metropole zu den schönsten und aufregendsten Plätzen der verschiedenen asiatischen Kulturen und räumt den kulinarischen Genüssen gebührenden Platz ein.

Widmung

Für Aaron und Alea

Bildnachweis

Dorothée Annas, Köln: S. 45, 98
Fridmar Damm, Köln: S. 8, 12/13, 28, 30, 32, 33, 37, 49, 54, 79, 83, 159, 161, 162, 162/163, 164/165, 167
Reinhard Eisele, Augsburg: Umschlagvorderseite, S. 5 o., 15, 38/39, 41, 57, 58/59, 82, 85 u., 109
Wolfgang Hellige, Iserlohn: Vordere Umschlagklappe, Dia-Motiv Buchrücken, Schmutztiteldia (S. 1), S. 2/3 (Haupttitel), 5 u., 6/7, 9, 18 o., u., 21, 47, 59, 60, 65, 78, 80, 85 o., 91, 93, 101, 103, 123, 124, 129, 131, 132, 132/133, 134/135, 136, 143, 144/145, hintere Umschlagklappe
Arved von der Ropp, Vachendorf: S. 19, 31, 99
Karl-Heinz Möbius, Hagen: S. 4, 67, 102, 166
Annette Ster, Kabelvåg (Norwegen): S. 17, 22/23, 35, 46, 51, 63, 68/69, 71, 77, 81, 89, 92, 107, 110, 111, 117, 119, 120, 122, 130, 141, 142, 144, 146, 147 o., u., 152, 153, 154, 160
Wolfgang R. Weber, Darmstadt: S. 10/11, 11, 56, 60/61, 84, 88, 121, 124/125

Umschlagvorderseite: Reisterrassen-Landschaft auf Bali. Foto: R. Eisele, Augsburg
Vordere Umschlagklappe (innen): Übersichtskarte von Bali mit der eingetragenen Reiseroute
Haupttitel (S. 2/3): Detail eines Verbrennungsschreins. Foto: W. Hellige, Iserlohn
Hintere Umschlagklappe (innen): Übersichtskarte von Südostasien
Umschlagrückseite: Übersichtskarte des Reisegebietes mit der eingetragenen Route (© Uitgeverij Lannoo, Tielt)

2., aktualisierte Auflage 1995

Reihenkonzeption: Dr. Horst Schmidt-Brümmer, Andreas Schulz
Lektorat: Kristina Linke
Layout und Herstellung: Sandra Penno, Andreas Schulz
Reproduktion: Satz & Litho Thönnessen, Köln
Karten: Berndtson & Berndtson, Fürstenfeldbruck
Satz: Fotosatz Froitzheim, Bonn
Druck und buchbinderische Verarbeitung: Druckerei Uhl, Radolfzell
Gedruckt auf chlorfrei gebleichtem Papier

Printed in Germany
ISBN 3-88973-156-2